幸せ贈る
ポップアップ・カード

やさしく作れる華麗なカード16

三好祐一

廣済堂出版

Introduction

華麗なカードを手作りで

閉じたカードから、光と影がつくる立体が現れるポップ・アップカード。咲くように開くバラのカードや、モビールのように微妙な風の動きに反応して動くカードなど、バリエーション豊かな 16 のカードを用意しました。カードはすべて封筒に収まるサイズになっています。あなたも特別な気持ちを、華麗なポップ・アップカードにそえて贈ってみませんか。

Contents 目次

Tools 用意するもの

ポップアップ・カードを作るときに準備するものを紹介します。巻末にカード用紙のあるものは、そのままカットして作ることができます。型紙を使う場合は、コピーしてから始めます。道具はどれも、普通の文具店でそろえることができるものです。

紙用接着剤
型を台紙に固定するのに使います。普通ののりでかまいませんが、スティックのりが便利です。

スプレーのり
コピーした型紙を台紙に貼るときに使います。弱粘着の、後ではがせるタイプのものを使ってください。できるだけ、少しの量にしてベタつきを防ぎます。

カッター用マット
テーブルを傷つけないようにカッターマットの上で作業を行ってください。厚手のボール紙などを敷いてもかまいません。

B5 サイズの厚紙
巻末の用紙と同じくらいの厚みがあると理想的です。

ハサミ
パーツを切り抜くときに使います。

ピンセット
細かい部分を折る場合に使います。

カッターナイフ
台紙をカットしたり、細かい部分を切るのに使います。デザインカッターが便利ですが、一般に市販されているもので OK です。手先に気をつけて作業してください。

メンディング・テープ
貼ると目立たなくなるタイプのもので、弱粘着のテープです。パーツを固定するときに使います。

定規
直線部分をカッターで切ったり、折り目をつけるときに使います。

Papers

用紙

カードを作る紙には、できれば適度な厚みがほしいです。本書の作例は、すべてホワイトで統一し雪景色のようなモノトーンの世界を作り出していますが、カラフルな厚紙を使って楽しさを演出することもできます。B5 サイズにカットして、いろいろな紙にトライしてみてください。

※この本で使用している用紙は、アラベールホワイト 4/6 判Ｙ目 160Kg です。

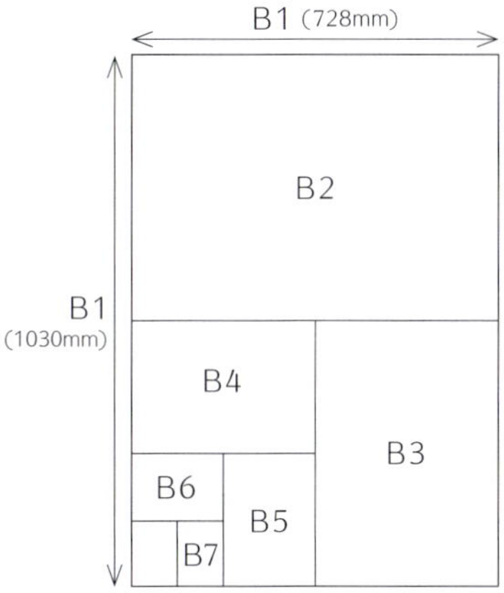

紙のサイズ

普段の生活で紙のサイズは、A4 判と B5 判がよく使われています。一般的に書類などには、A4 判が使われていますが、大学ノートなどに使われているサイズは B5 判です。A1・B1 が基本でその半分が A2・B2、さらに半分が A3・B3 となっています。ですから、カットして B5 判の紙を作りたいときには B 列の紙を買えば、無駄が出ません。厚みは、重さ（kg）で表示されていて、重いものほど厚くなります。

How to この本の使い方

本書の巻末には、5つの作例については、型紙のついたカード用紙が付いています。それ以外の作例も、すべて型紙を収録していますので、どなたにも簡単に素敵なカードを作ることができます。

●カード用紙のあるものは、そのままカットしてすぐに作ることができます。（型紙をコピーしておけば、何度でも作ることができます）

●型紙を使う場合は、以下のようにコピーしてから始めてください。

☞本の型紙をコピーして厚紙に貼る

次のような手順で、コピーした型紙を厚紙に貼り、パーツを切りぬくだけです。

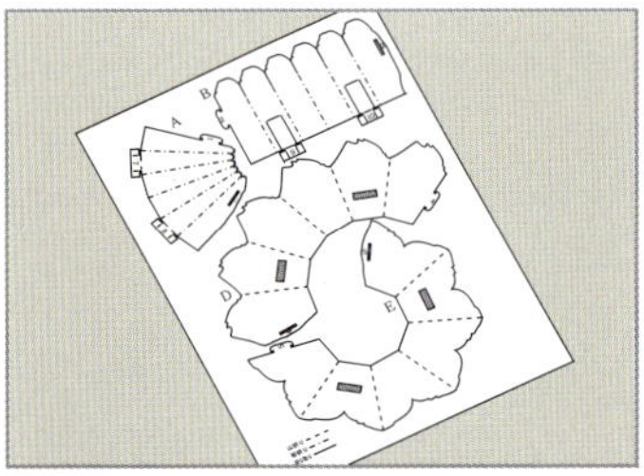

1 型紙をB5サイズのコピー用紙にコピーします。※カラーコピーのほうが山折り線、谷折り線が折りやすくなります。

2 コピーした型紙の裏側からスプレーのりを軽く吹きかけます。紙をはずした後にベタつくほど付けないでください。

3 のりの付いた型紙を厚紙に乗せて貼ります。

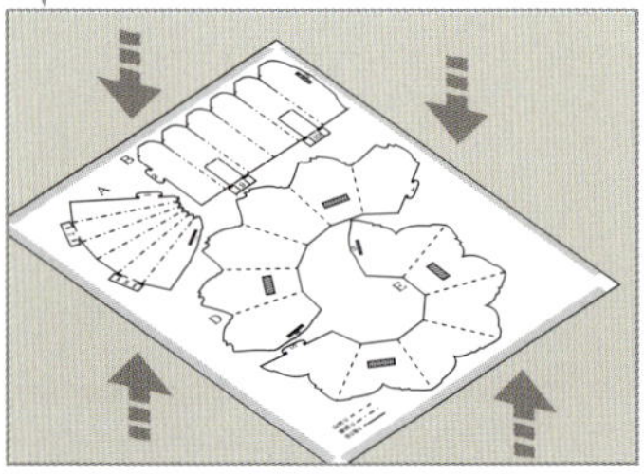

4 紙の淵にテープを貼り、型紙と紙を固定します。ハサミとカッターで各パーツを切り取り、折り目をつけてから型紙をはずします。

トレーシングペーパーを使い、紙に型紙をトレースする方法でカードを作ることもできます。

カードで夢の世界へ

Snow crystal
雪の結晶

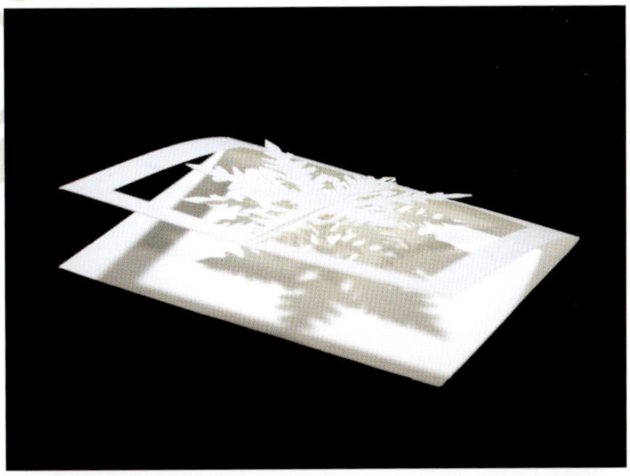

何千の色が流れる
クリスマスの夜。
雨粒が渇くのを待たずに、
真珠色の雪は降り始めた。

雪の結晶の作り方 ☞34ページ

Flowers
花束

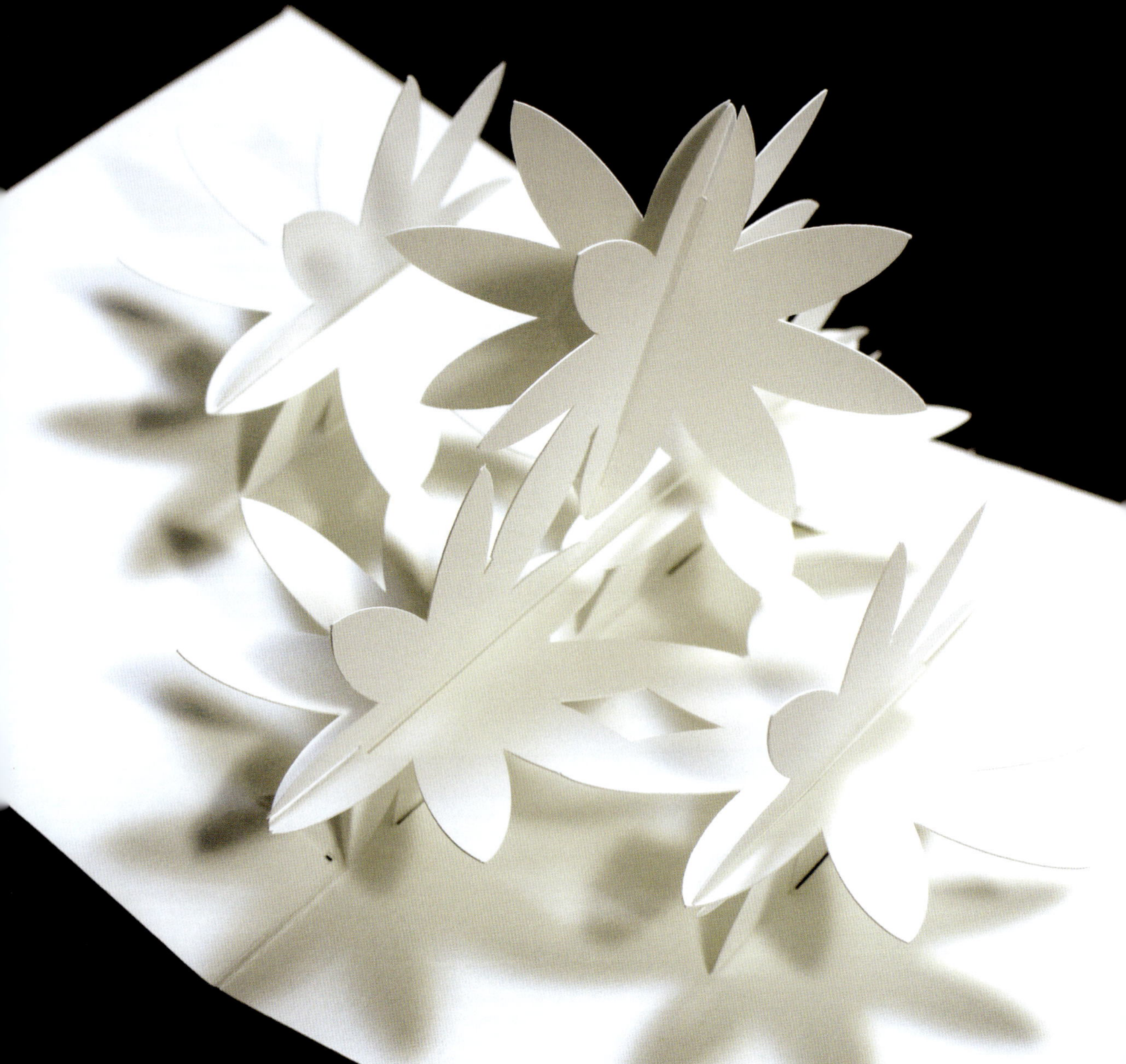

真摯なやさしさを
ただ
うつむいて抱きしめる。
あなたが
見えないくらいの花束。

花束の作り方 36 ページ

Rose バラ

白く、白く、白く。
その花は永遠を閉じ込めるように
咲いている。
まだ私は夢を見ているのかもしれない。

バラの作り方 ☞ 38 ページ

Swan
白鳥

白鳥が羽を広げるように、
自然に涙が流れるように、
私は、
ゆっくりと幸せの中に入ってゆく。

白鳥の作り方 ☞ 40 ページ

Angel 天使

天使が奏でる
ささやくような旋律。
とても晴れた日の幻に
私はずっと耳をかたむけている。

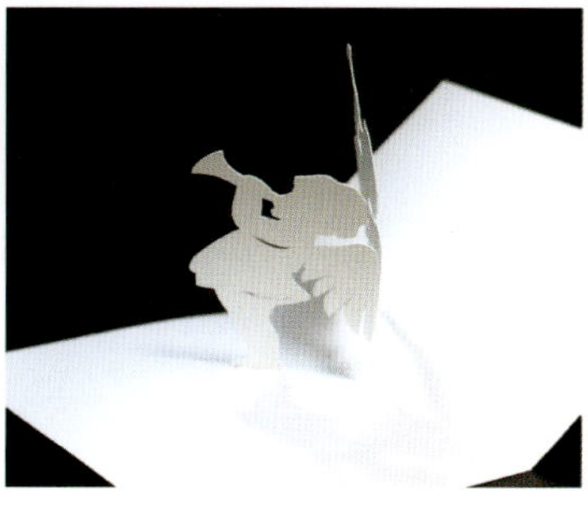

天使の作り方 ☞ 42 ページ

Tiara
ティアラ

白いきらめきが
私の胸を切なく高鳴らせる。
不思議な力に守られている
幸せな時。

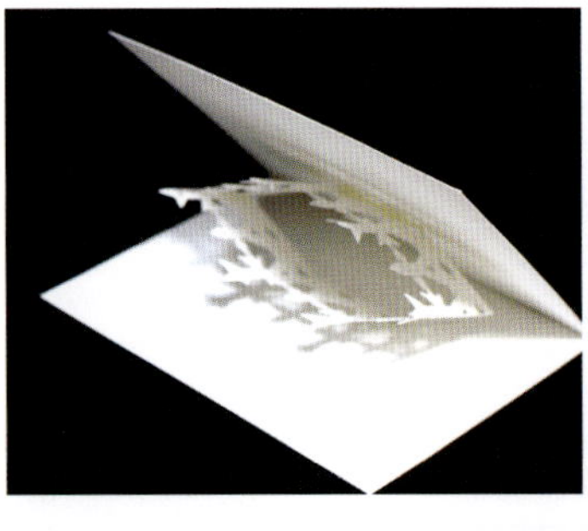

ティアラの作り方☞44ページ

Rose cake
バラのケーキ

素晴らしい日をありがとう。
キラキラした時間が終わらないように
時計の針を少しだけ遅らせておいた。

バラのケーキの作り方 46ページ

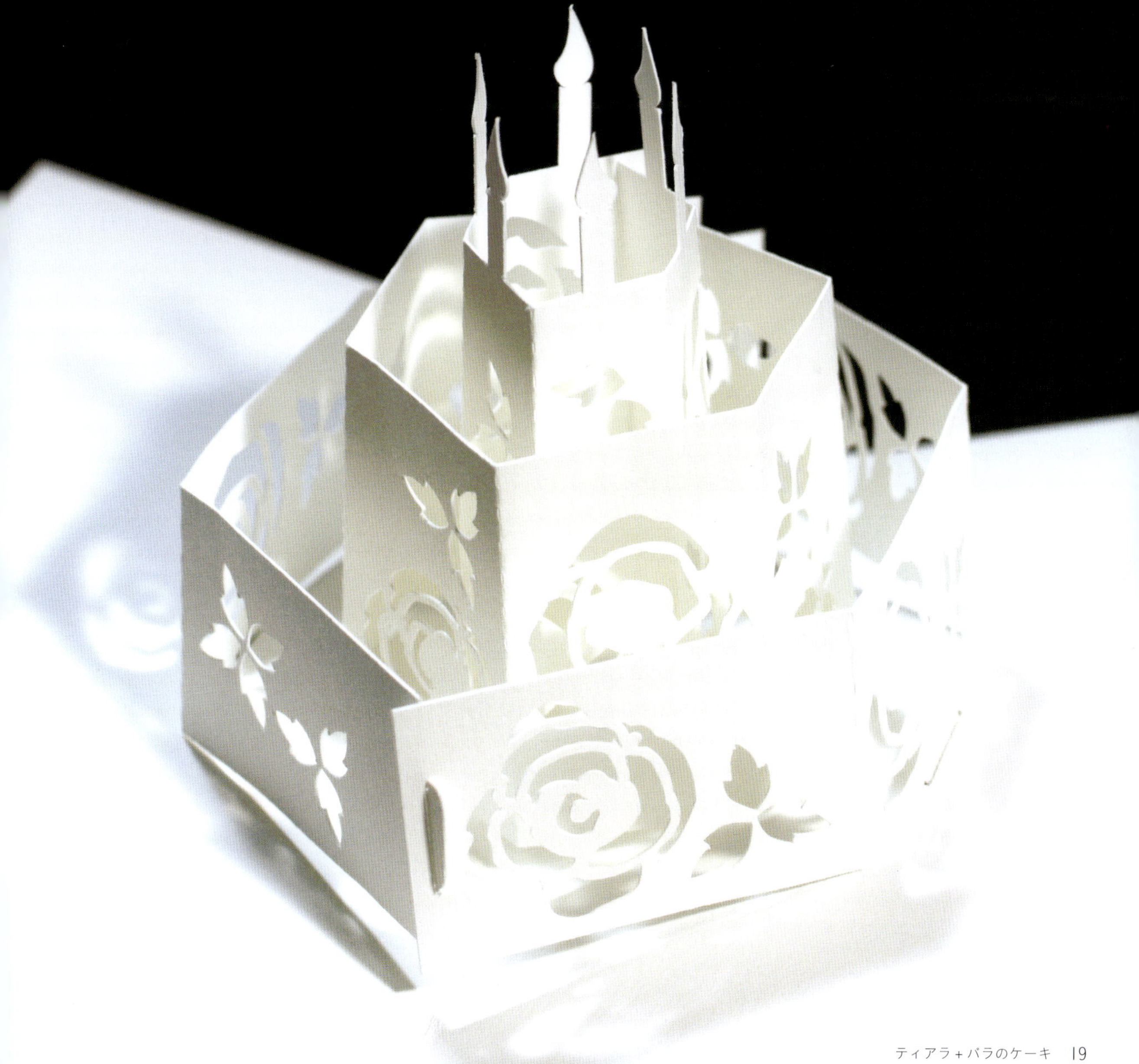

Chandelier
シャンデリア

心を燃やすような
シャンデリアの美しい光。
恋の夢を見て
眠れぬ夜を過ごす。

シャンデリアの作り方 ☞ 48ページ

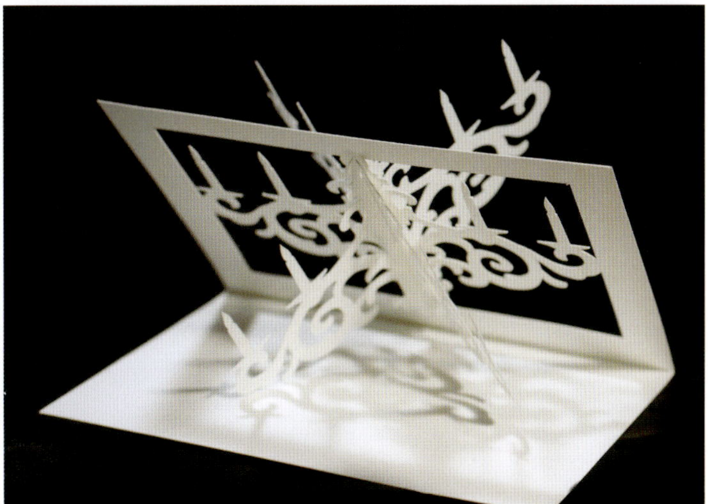

Church
教会

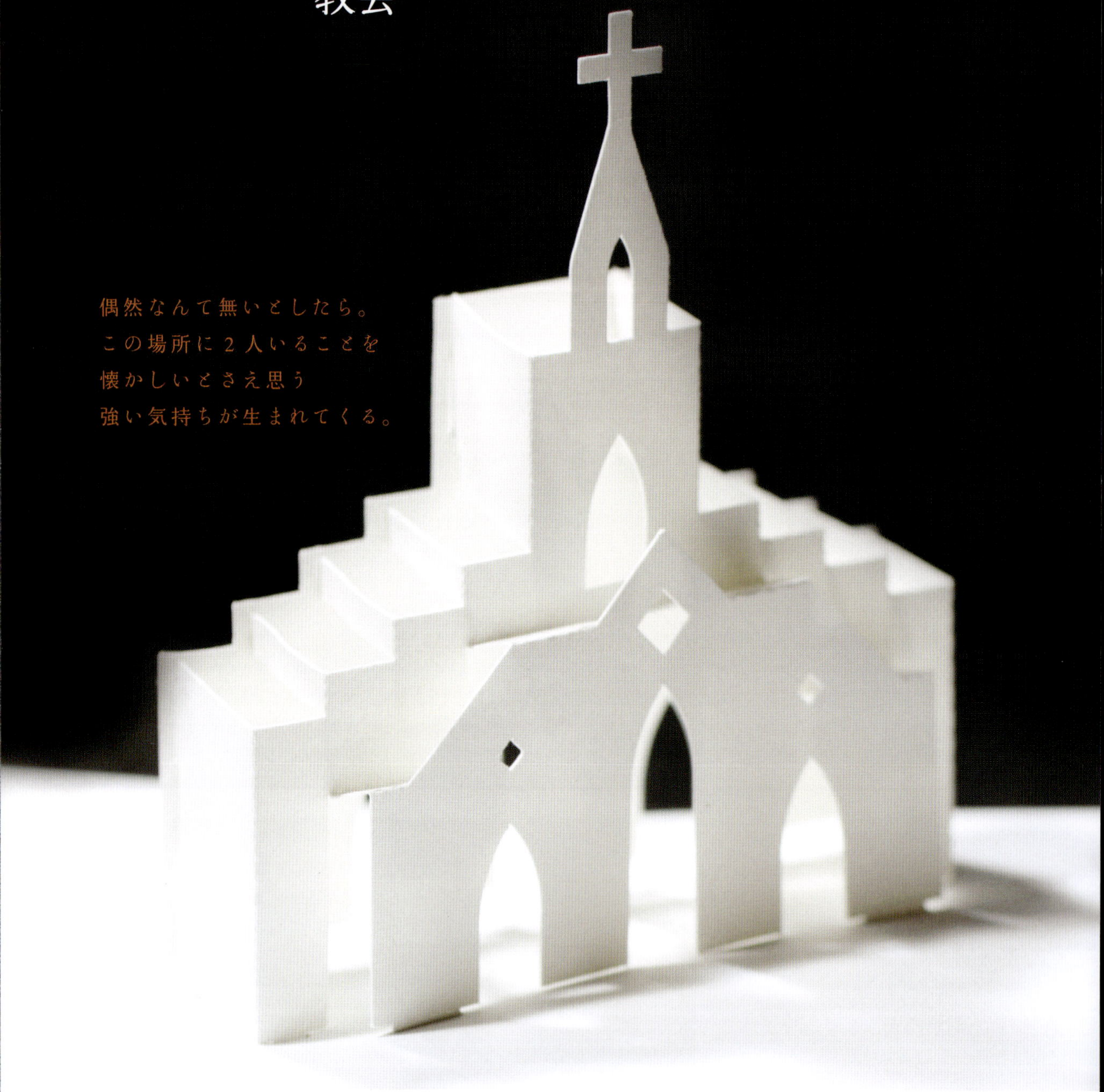

偶然なんて無いとしたら。
この場所に２人いることを
懐かしいとさえ思う
強い気持ちが生まれてくる。

教会の作り方 50ページ

Coach
馬車

ずっと遠くから聞こえる
ひづめの音。
二人ドキドキして
美しい運命を思ったりする。

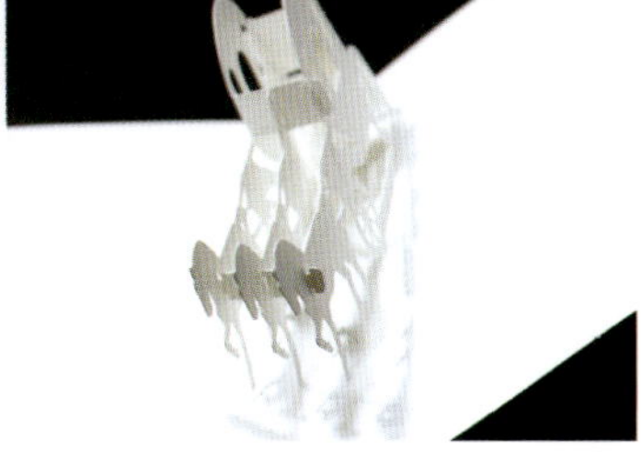

馬車の作り方☞52ページ

Christmas tree
クリスマスツリー

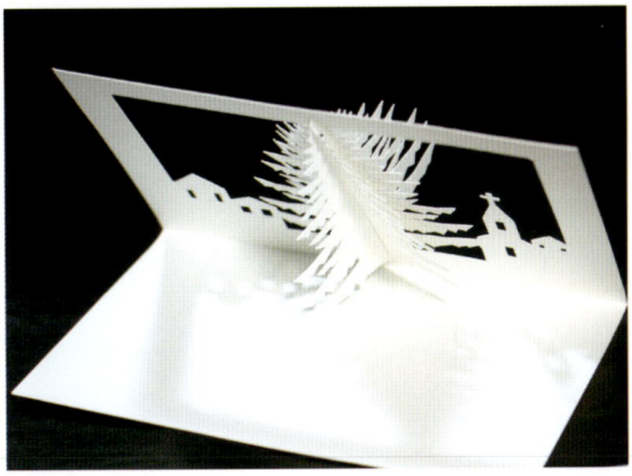

クリスマスが近づく町で
恋人たちが約束を交わす。
誰にも聞こえない声、
刹那の輝きが
ふいに切なく訪れる。

クリスマスツリーの作り方 ☞54ページ

Bell
ベル

月が輝く夜空に
はじけるようなベルの音。
霞がかかった気持ちを破る
にぎやかな季節。

ベルの作り方 ☞ 56 ページ

Star tree
星のツリー

クリスマスの夜は魔法。
静かにふりそそぐ流れ星。
生まれ落ちる星を集めて
誰かのために捧げよう。

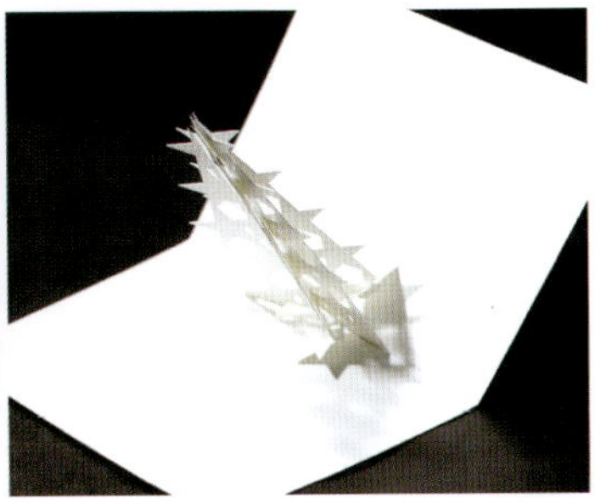

星のツリーの作り方 ☞ 58ページ

Holly ヒイラギ

ヒイラギの葉に輝く光がうつる。
聖夜のしるしを付けながら
星を探して歩こう。

ヒイラギの作り方 ☞60ページ

Reindeer
トナカイ

その夜、
トナカイは名も知らぬ森に降り立つ。
出発のサインは一瞬の星の瞬き。
二度と戻らない夜が始まる瞬間。

トナカイの作り方☞62ページ

Christmas
クリスマス

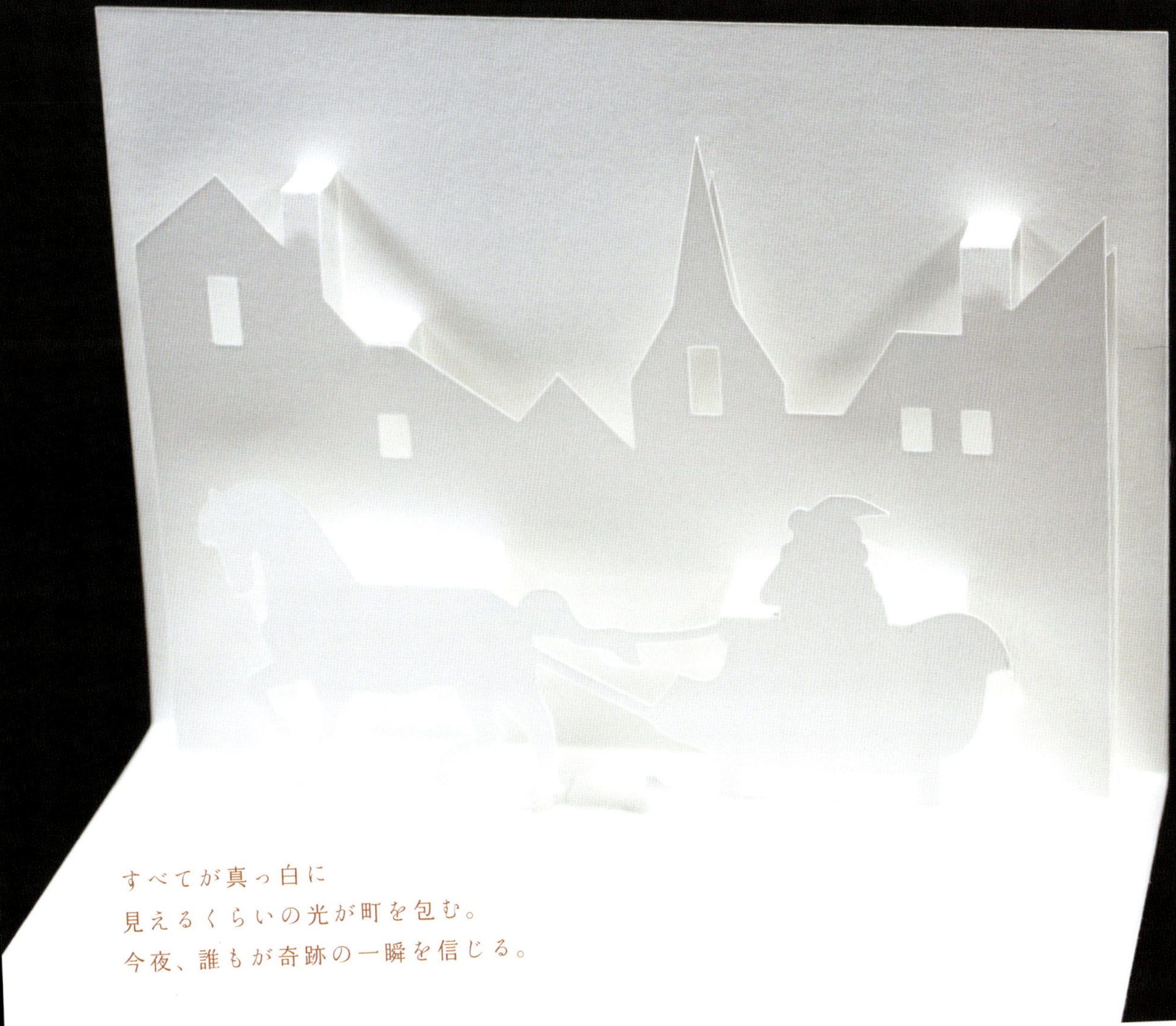

すべてが真っ白に
見えるくらいの光が町を包む。
今夜、誰もが奇跡の一瞬を信じる。

クリスマスの作り方 ☞ 64ページ

きれいに作るための
アドバイス

作品を美しく仕上げるためには、
ちょっとしたコツがあります。
ここでは、そのいくつかのポイント
を紹介します。これで、ぐんと作品
のクオリティが上がります。

〈山折り・谷折り〉

山折り線

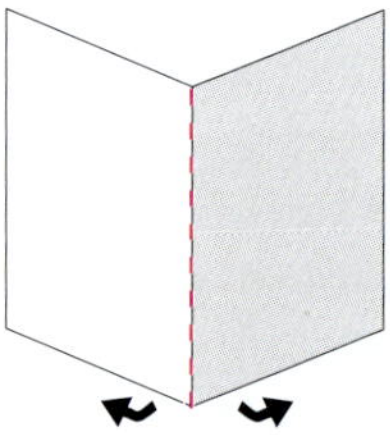

線を中心に、奥に向かって折ります。

谷折り線

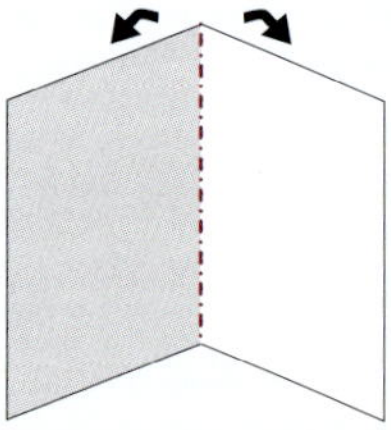

線を中心に、手前に向かって折ります。

折り目をしっかりつける

しっかりとした折り目をつけると、作品の精度が上がります。きっちりとした折り線をつける方法を3つ紹介しますので、好みで選んでやってみてください。

方法 1

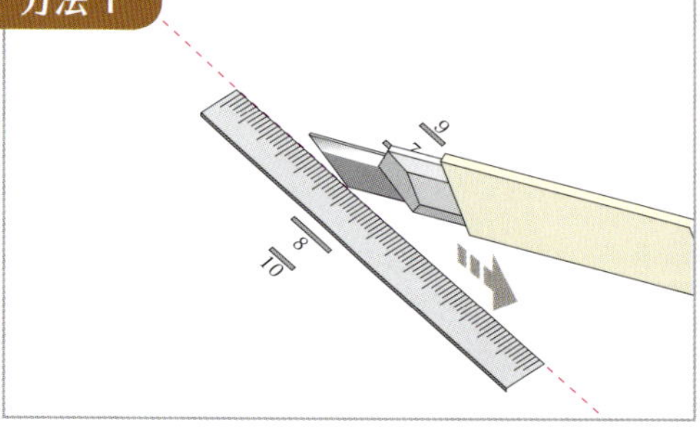

カッター刃の裏側で定規に沿って折り目をつけます。

方法 2

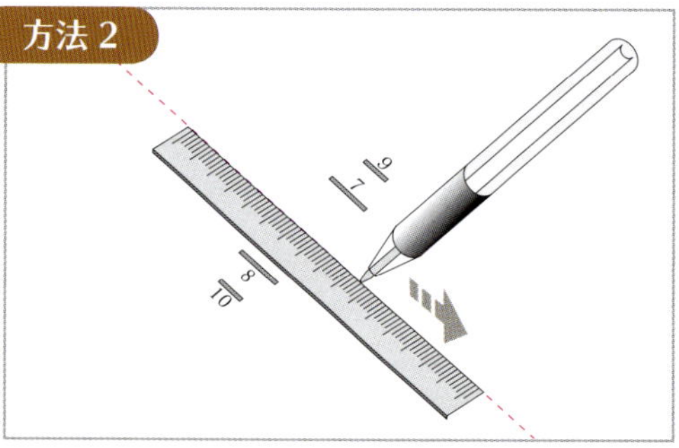

使用済みのボールペンで定規に沿って折り目をつけます。

方法 3

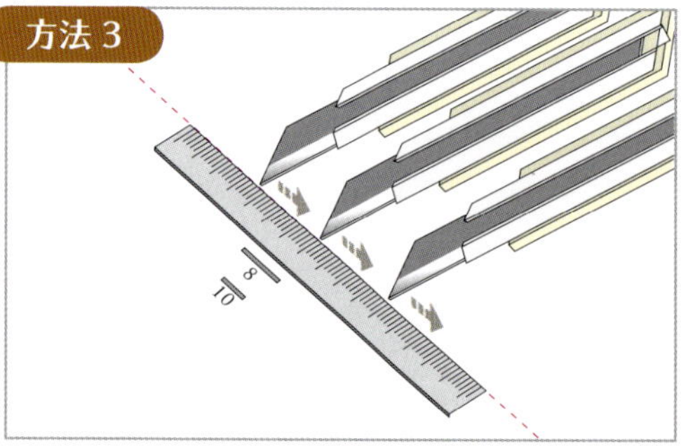

山折り線、谷折り線に沿ってカッターで1mm 間隔に破線を入れていきます。

ツメ部分をきちんと合わせる

ツメの部分をていねいにきちんと組み合わせることが大切です。ツメの形で対応してください。

ツメ、切りこみの組み合わせ方 1

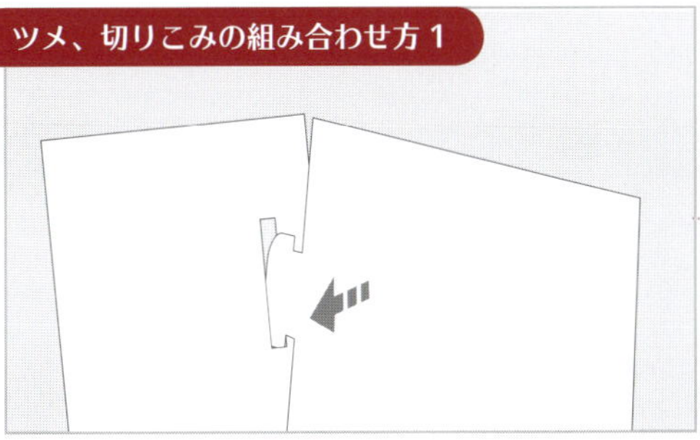

ツメの片側を切りこみに差し込みます。

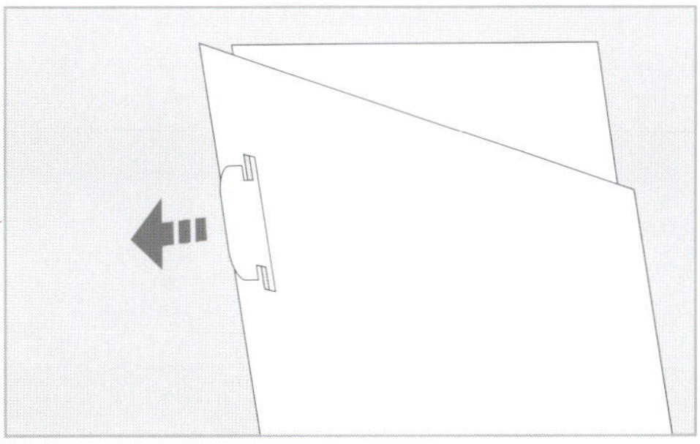

切り込こみの反対側から、ピンセット、または手でツメをつかんでひっぱり、組み合わせます。

ツメ、切りこみの組み合わせ方 2

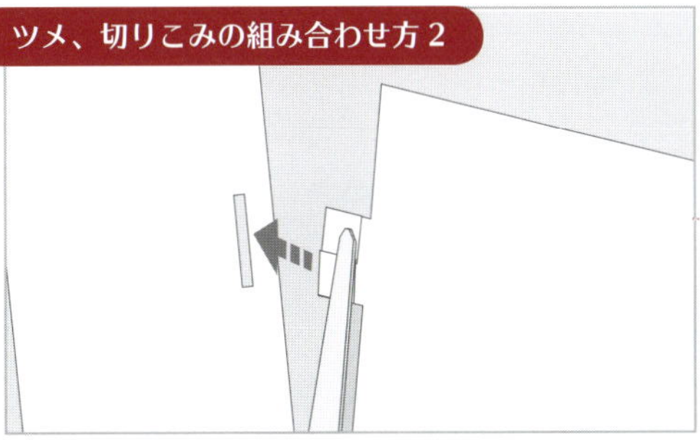

両端を折りたたむタイプのツメは、ツメを折りたたんでからピンセットではさみ、切りこみに差し込みます。

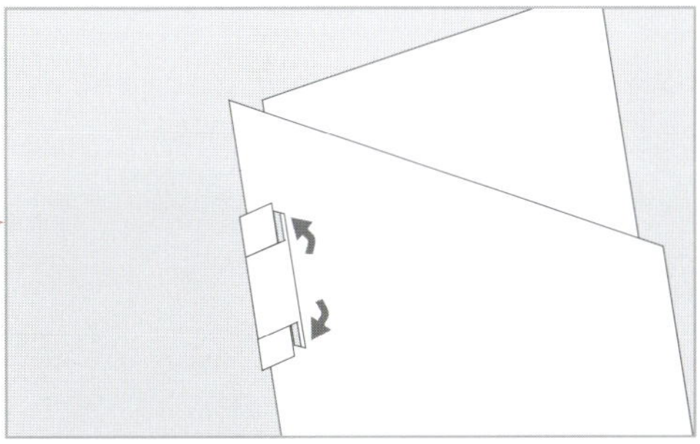

ツメを開いて組み合わせます。

パーツをカットするときのコツ

パーツをカットするときには、絵柄の線よりも少し内側を切ればきれいです。うっかり切り間違えたときには、メンディングテープで補強すればだいじょうぶです。

切り取り線の切り方

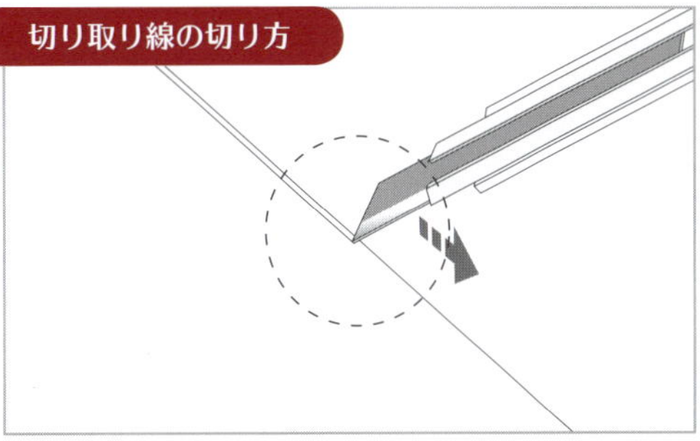

カッターで型紙を切る時はしっかり押さえてから切ってください。切り取り線のやや内側を切るようにすると、線が残らず仕上がりがきれいです。

切り間違えた場合

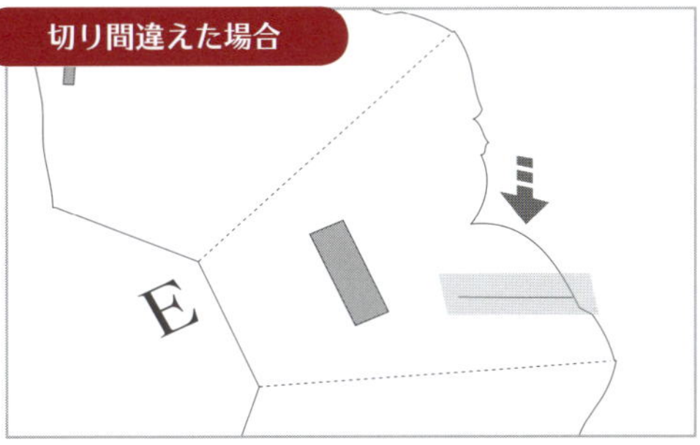

切り間違えたときには、メンディングテープで裏表両面から補強します。

10ページ

Snow crystal 雪の結晶の作り方

難易度★★☆☆☆　型紙 p.66

1 コピーした型紙を用紙に貼ります。

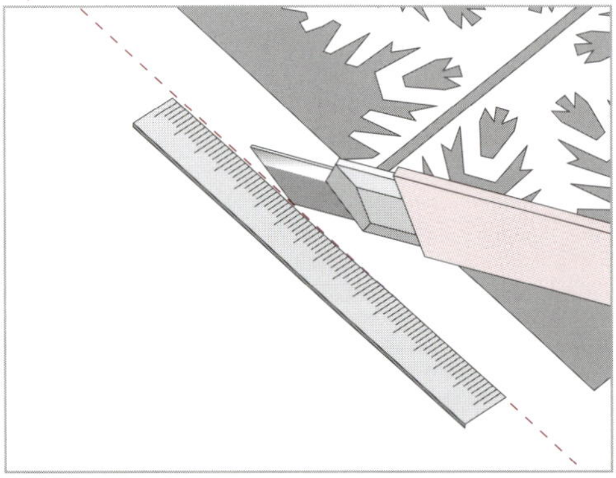

2 山折り線（―――）に沿って、折り目をいれてください。

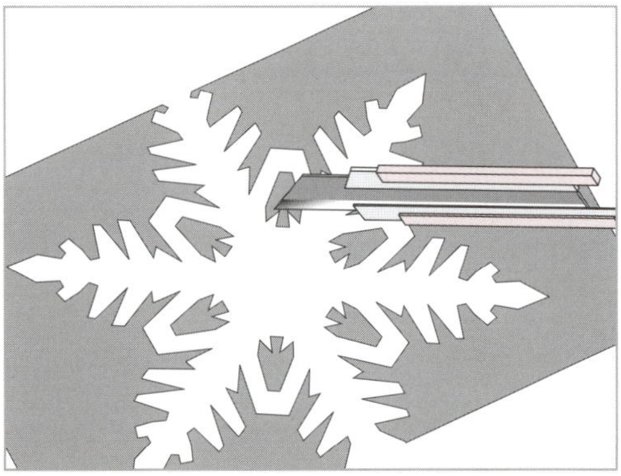

3 グレーに塗りつぶされている部分をカッターで切り抜いてください。次に切り取り線（――）に沿ってハサミまたはカッターで切りとってください。

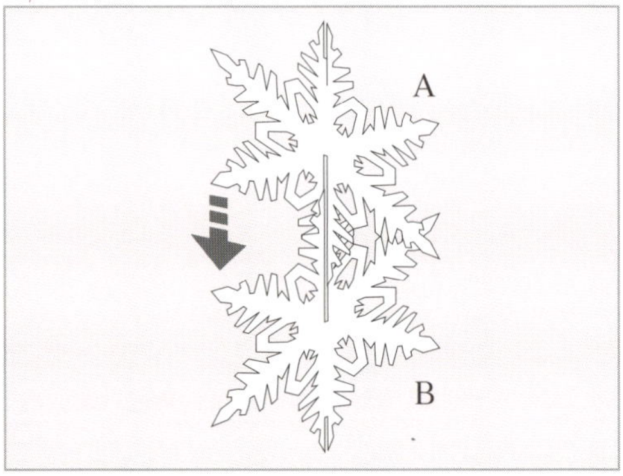

4 B上部の切り込みに、A下部の切り込みを図のように組み合わせます。

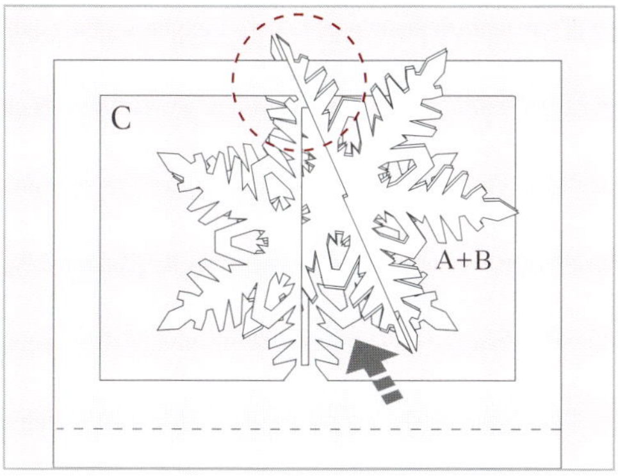

5 A＋Bをたたんでから、Cの切り込みに図のように斜め下から差し込みます。

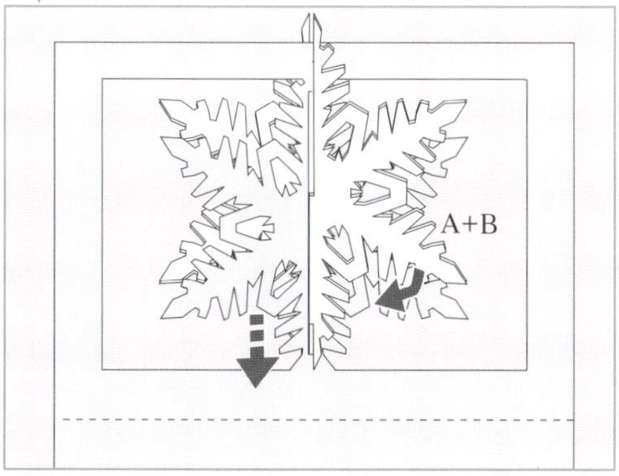

6 A＋Bを図のように回転させてから、まっすぐ下に下ろして組み合わせます。

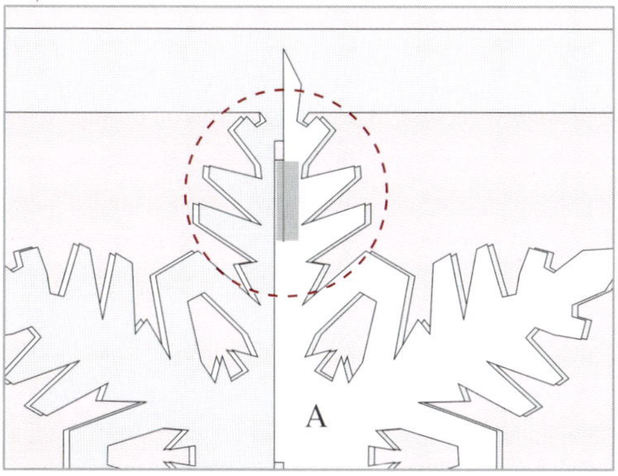

7 Aの図の部分に、B・Cに付かないようにテープを貼ります。

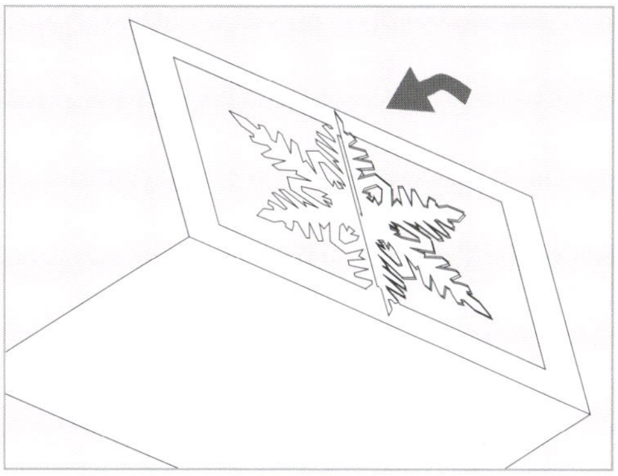

8 A＋Bをたたんだまま、台紙Cを折りたたみます。

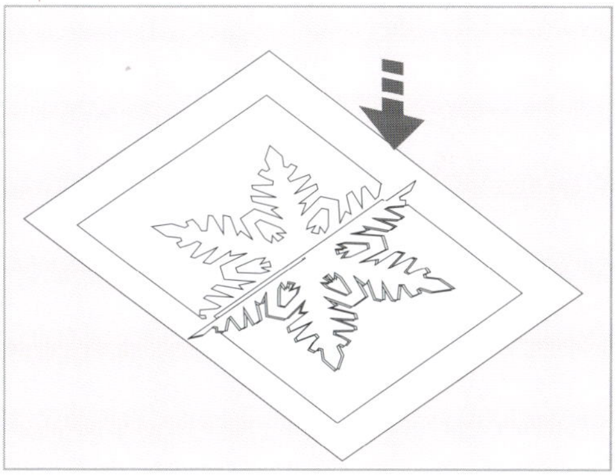

9 上からしっかりと押さえます。

10 完成です。

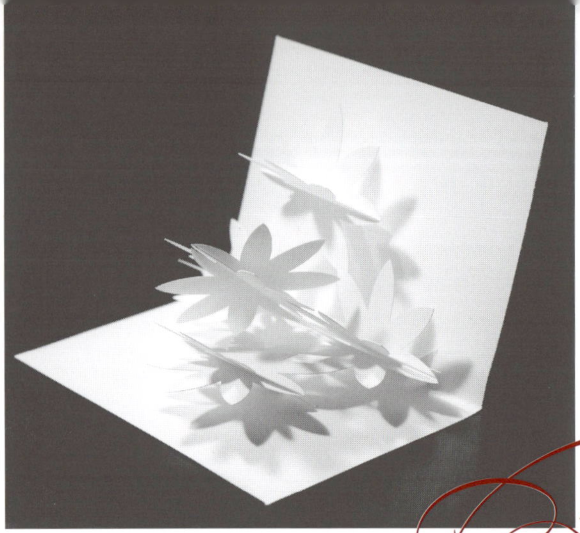

12 ページ

Flowers 花束の作り方

難易度★★★★☆　型紙 p.68

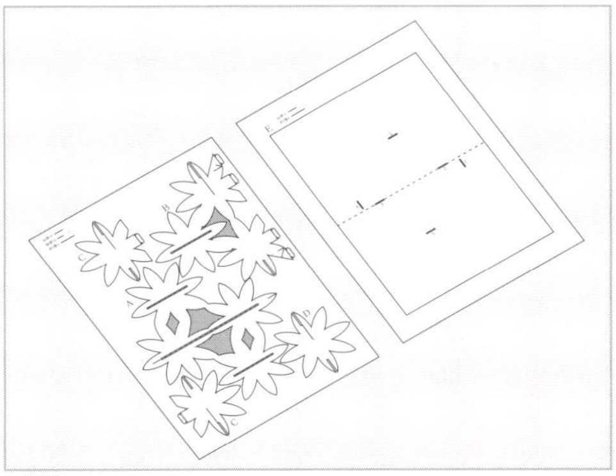

1 コピーした型紙を用紙に貼ります。

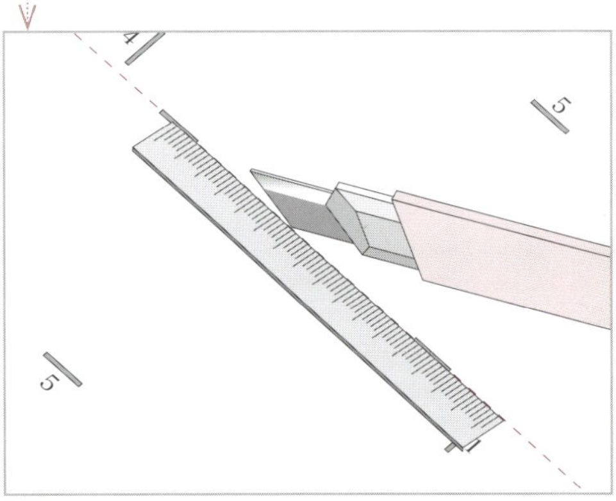

2 山折り線(———)、谷折り線(—・—・—)に沿って、折り目をいれてください。

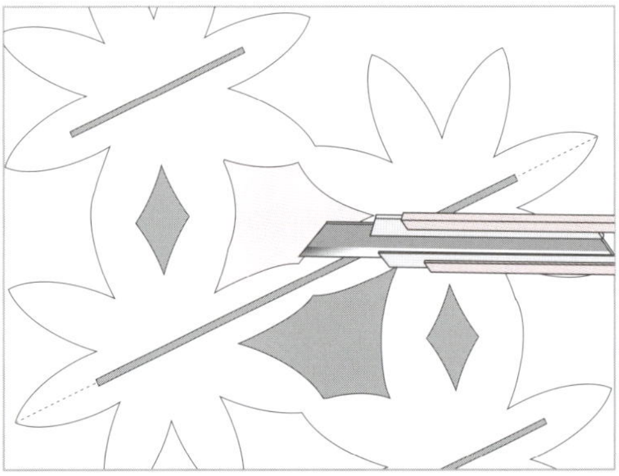

3 グレーに塗りつぶされている部分をカッターで切り抜いてから、切り取り線(——)に沿ってハサミまたはカッターで切りとってください。山折り線、谷折り線に沿って折り目をつけてください。

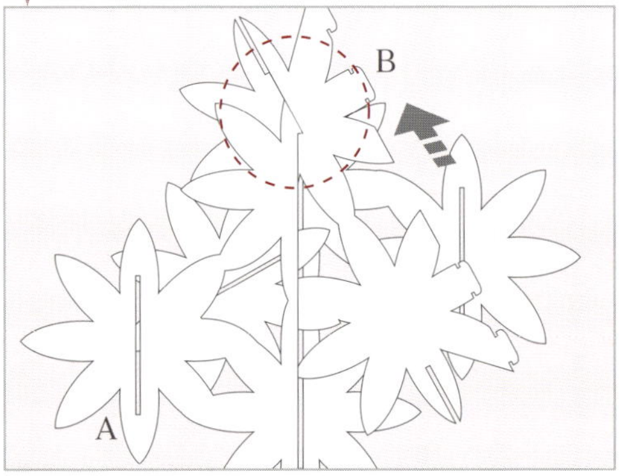

4 BをA中央の切りこみに図のように斜め下から差し込みます。

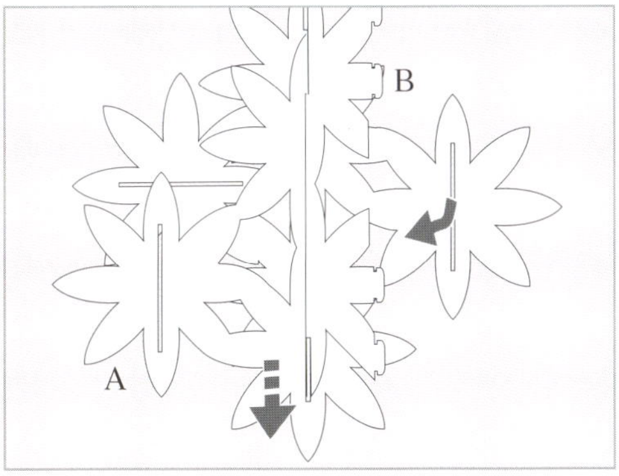

5 Bを図のように右回転させてから、まっすぐ下に下ろして組み合わせます。

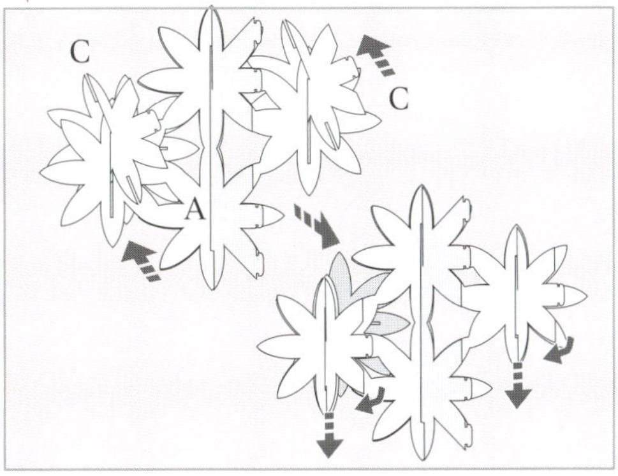

6 CをAの切り込みに図のように斜め下から差し込み、回転させて組み合わせます。(2ヵ所とも)

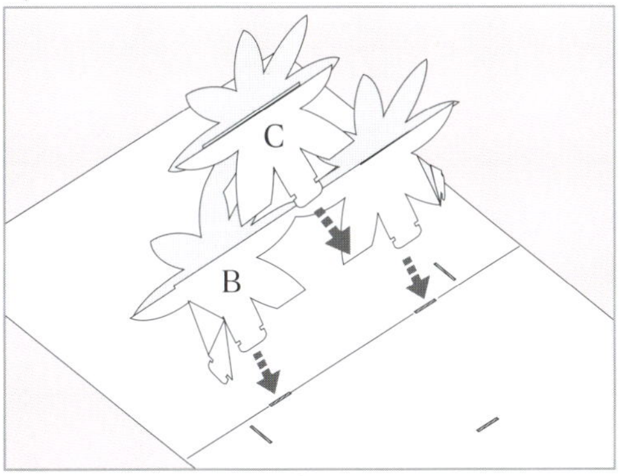

7 Bのツメを山折り線、谷折り線にそって折ってから、台紙Eの切り込み1･2･3･4に裏側から差し込みます。次にCのツメ5を切り込み5に差し込みます。(2ヵ所)

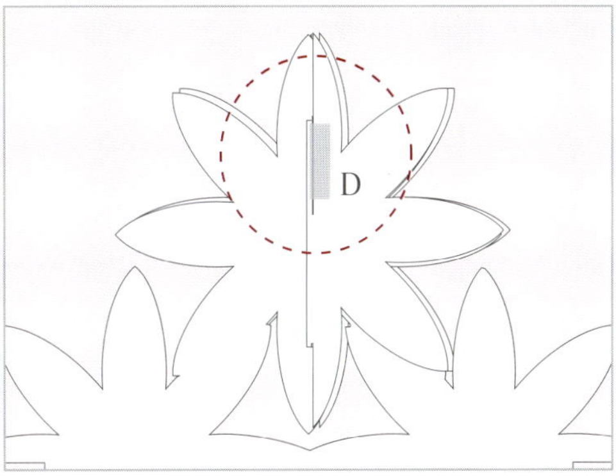

8 B上部の切り込みにDを4.のように斜め下から差し込み組み合わせます。Dの図の部分に、Bに付かないようにテープを貼ります。

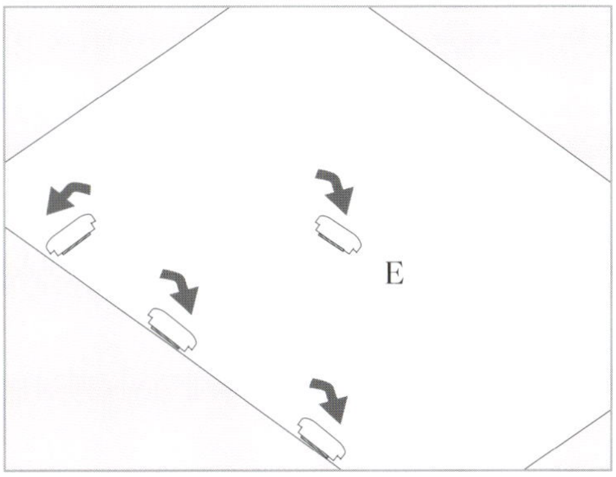

9 台紙Eを折りたたんでから、ツメ1･2･3･4･5を台紙Eに接着します。

10 完成です。

14 ページ *Rose* バラの作り方

難易度★☆☆☆☆　型紙付きカード用紙 p.90

1 本からカード用紙を切り離します。

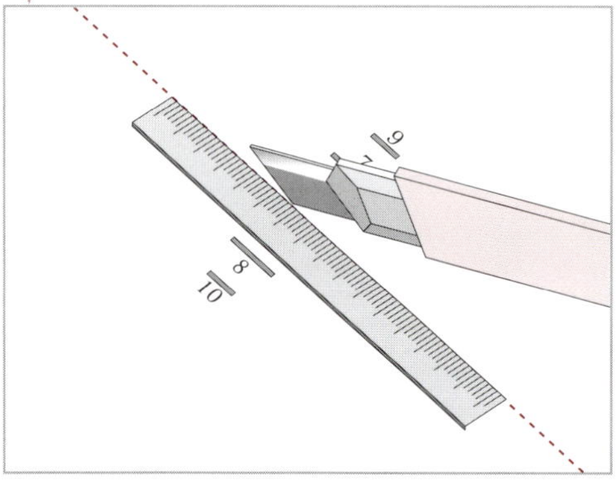

2 山折り線（－－－）、谷折り線（―・―・―）に沿って、折り目をいれてください。

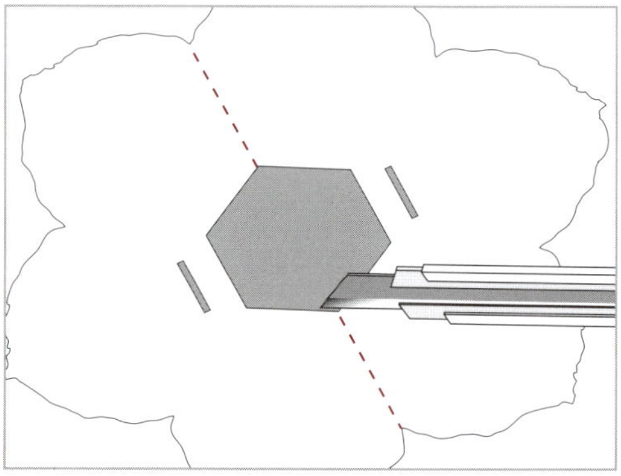

3 グレーに塗りつぶされている部分をカッターで切り抜いてから、切り取り線（――）に沿ってハサミまたはカッターで切りとってください。

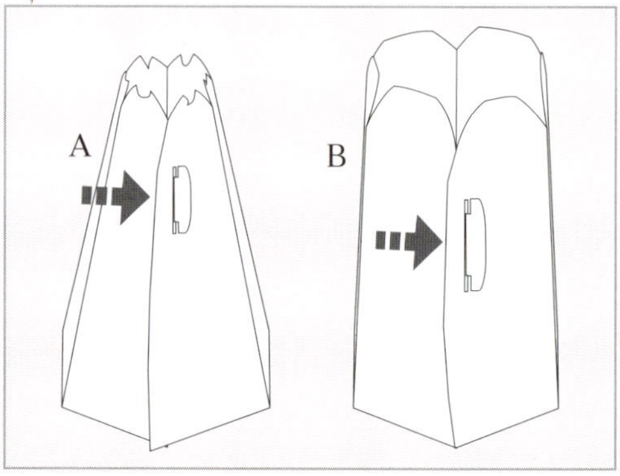

4 Aのツメ1を切り込み1に、Bのツメ2を切りこみ2に図のように差し込みます。

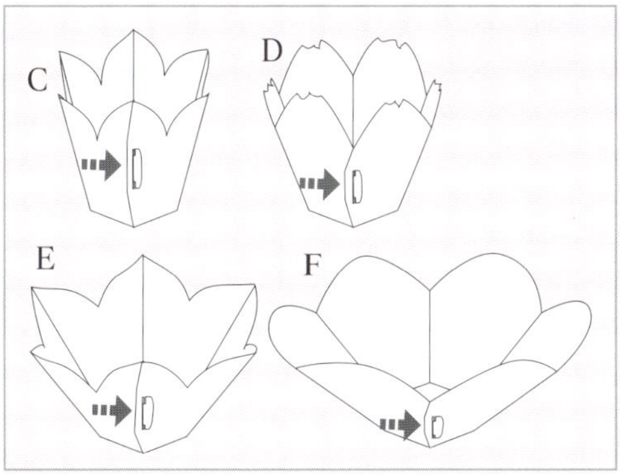

5 同じくC・D・E・Fのそれぞれのツメを切り込みに図のように差し込みます。

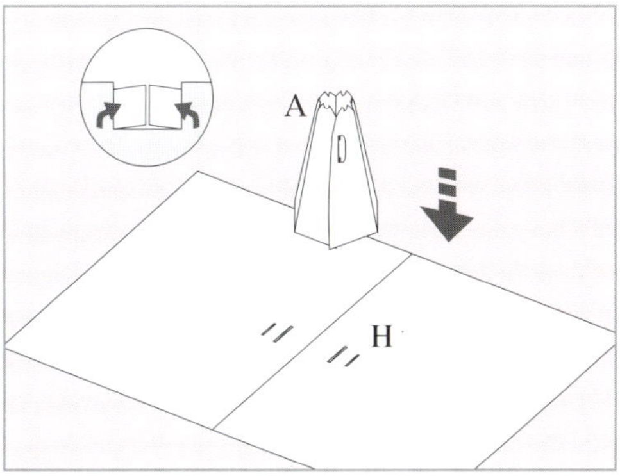

6 Aのツメ7·8を折りたたんでから、台紙Hの切り込み7·8に裏側から差し込み、ツメを広げます。

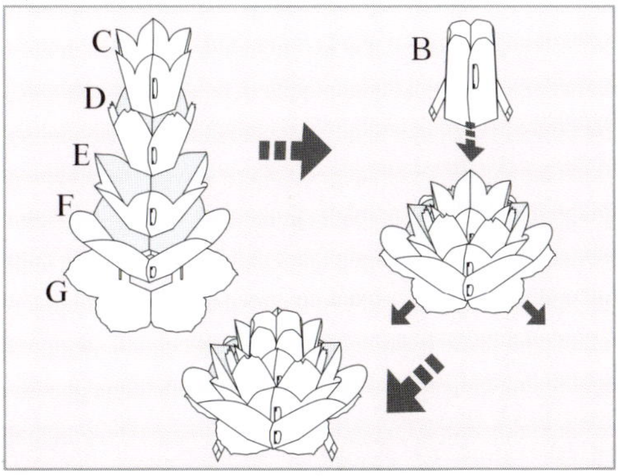

7 C・D・E・F・Gを図のように上から重ねます。次にBのツメ9·10を折りたたんでC·D·E·F·Gの切り込みに順番に通します。

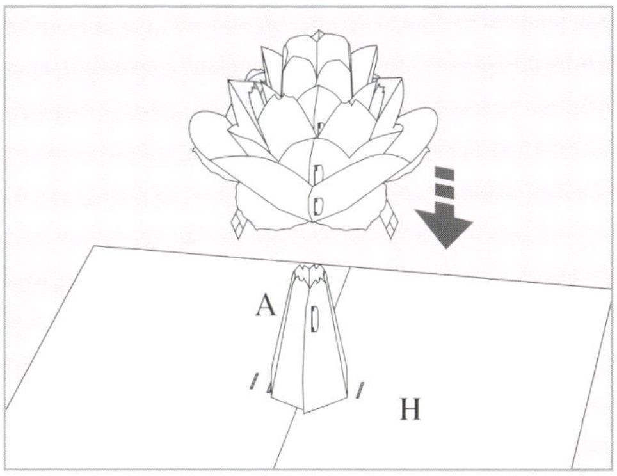

8 B・C・D・E・F・G中央の穴にAを組み合わせるように上から乗せます。Bのツメ9·10を台紙Hの切り込み9·10に差し込み、ツメを広げます。

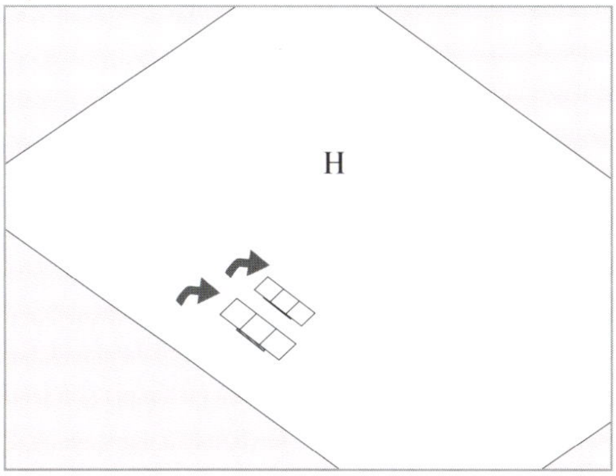

9 台紙Hを折りたたんでから、ツメ7·8·9·10を接着します。

10 完成です。

16 ページ

Swan 白鳥の作り方

難易度★☆☆☆☆　型紙 p.70

1 コピーした型紙を用紙に貼ります。

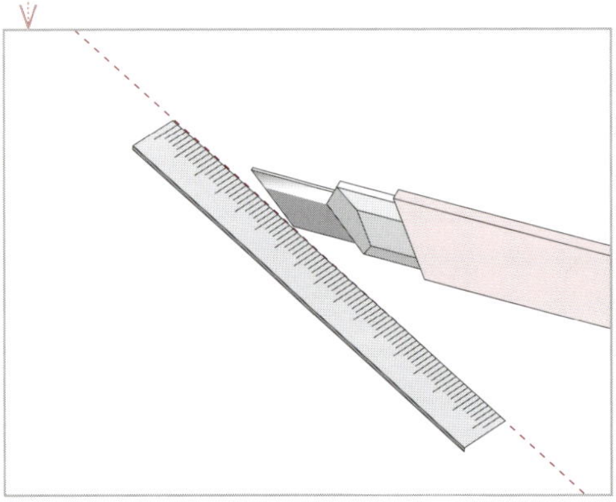

2 山折り線（―――）、谷折り線（―・―・―）に沿って、折り目をいれてください。

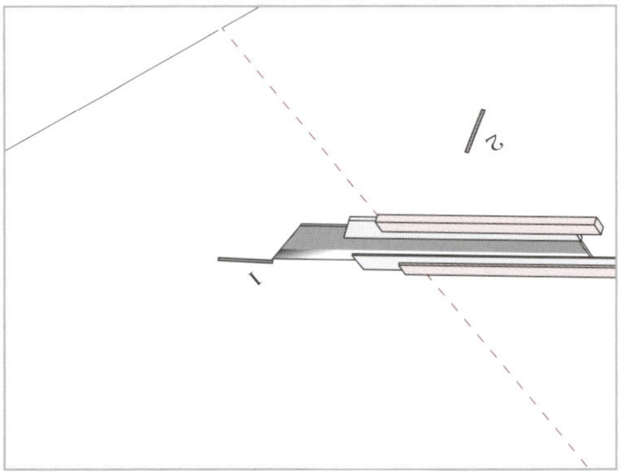

3 グレーに塗りつぶされている部分をカッターで切り抜いてください。

4 切り取り線（―――）に沿ってハサミまたはカッターで切りとってください。

5 山折り線、谷折り線に沿ってしっかりと折り目をつけます。

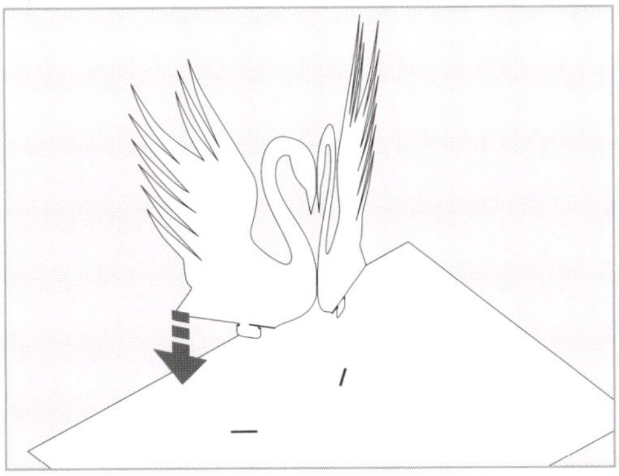

6 Aのツメ1・2を台紙Bの1・2の切りこみに裏側から差し込みます。

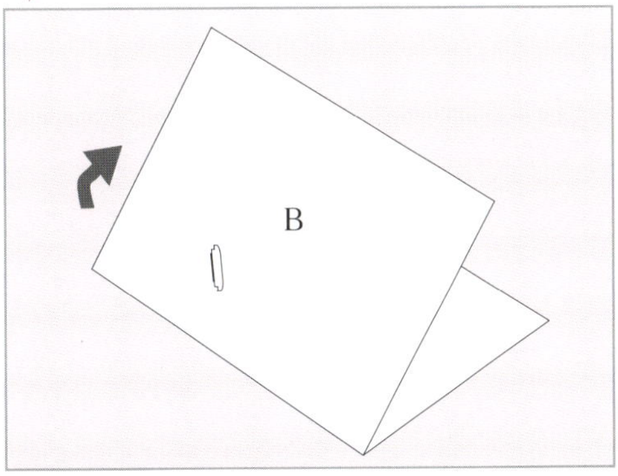

7 台紙Bを折りたたみます。

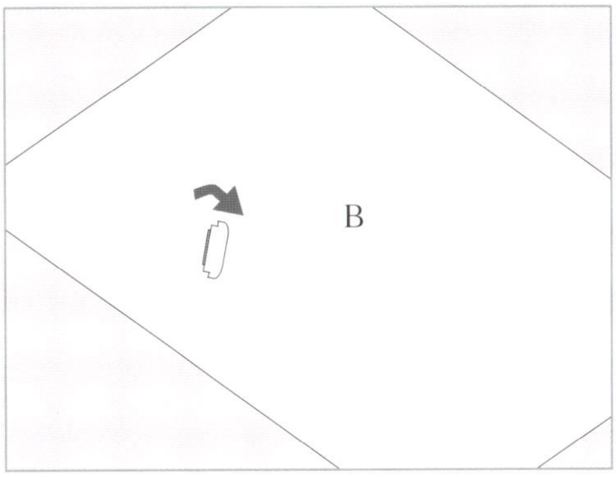

8 ツメ1・2を台紙Bに接着します。

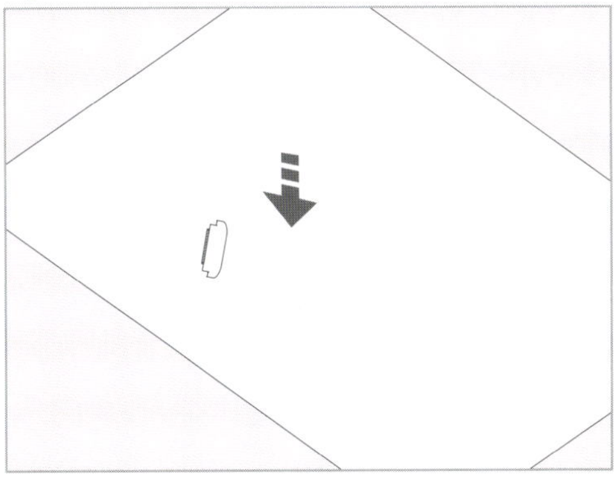

9 上からしっかりと押さえます。

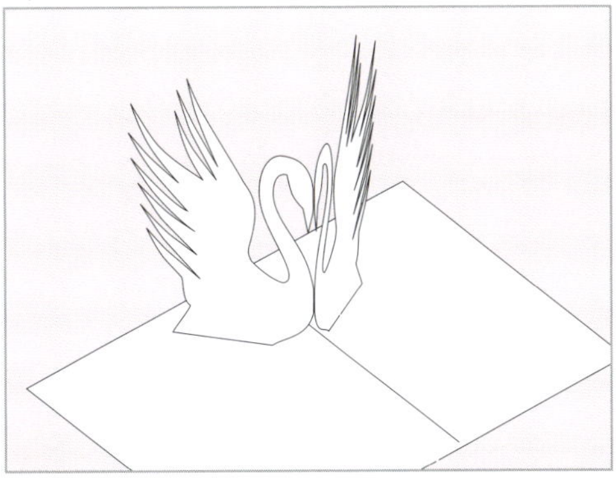

10 完成です。

17 ページ

Angel 天使の作り方

難易度★☆☆☆☆　型紙 p.72

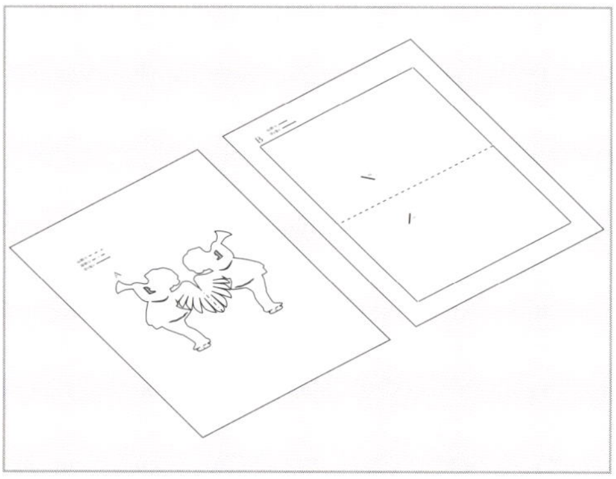

1 コピーした型紙を用紙に貼ります。

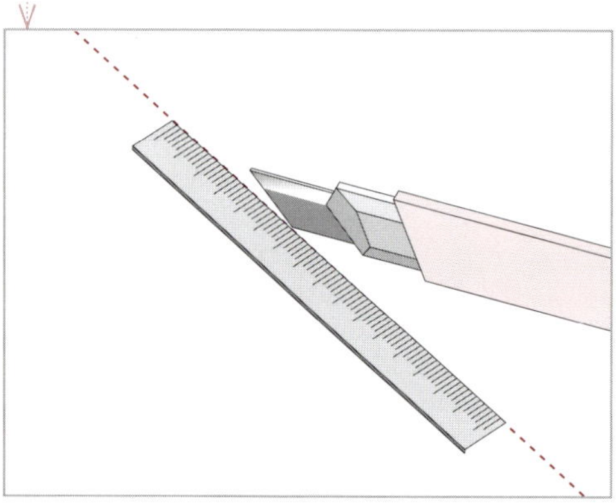

2 山折り線（———）、谷折り線（—・—・—）に沿って、折り目をいれてください。

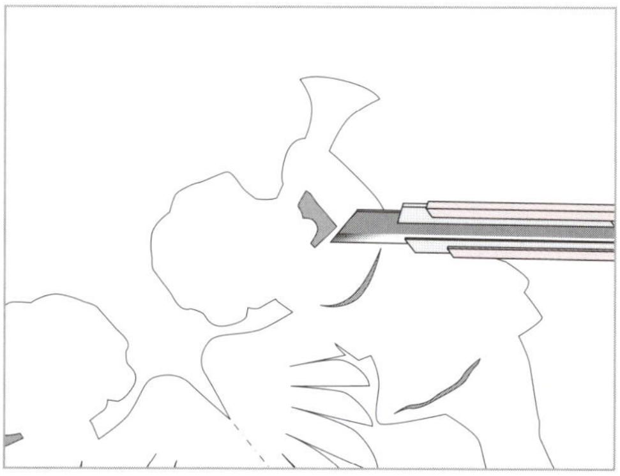

3 グレーに塗りつぶされている部分をカッターで切り抜いてください。

4 切り取り線（———）に沿ってハサミまたはカッターで切りとってください。

5 山折り線、谷折り線に沿ってしっかりと折り目をつけます。

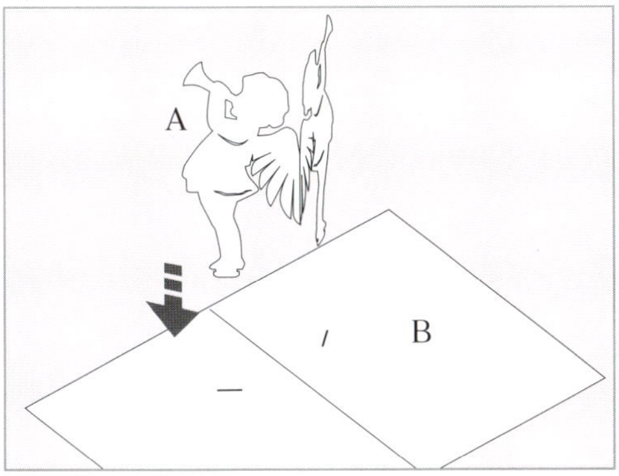

6 Aのツメ1・2を台紙Bの切り込み1・2に裏側から差し込みます。

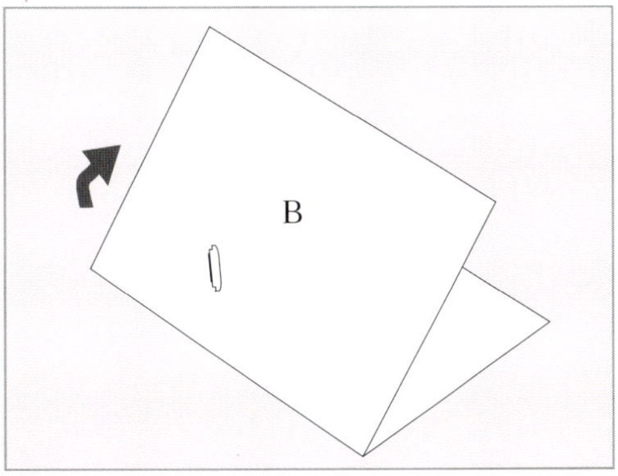

7 台紙Bを折りたたみます。

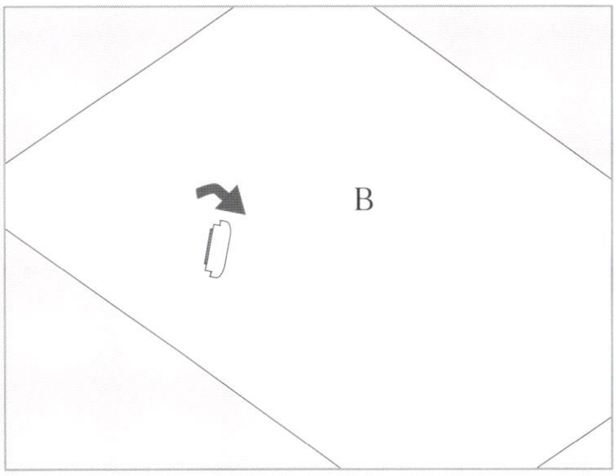

8 ツメ1・2を台紙Bに接着します。

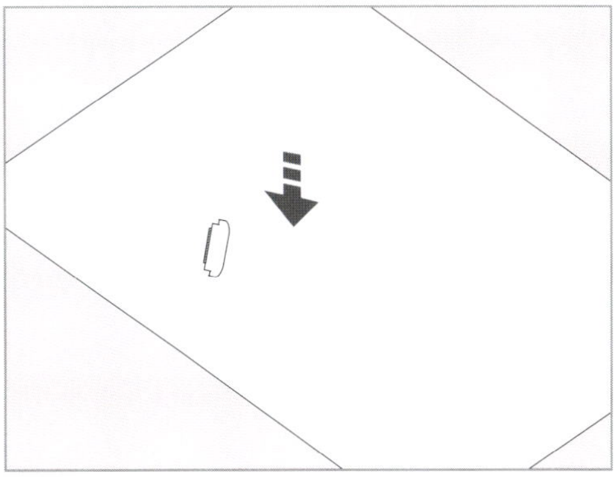

9 上からしっかりと押さえます。

10 完成です。

18 ページ

Tiara ティアラの作り方

難易度★☆☆☆☆　型紙 p.74

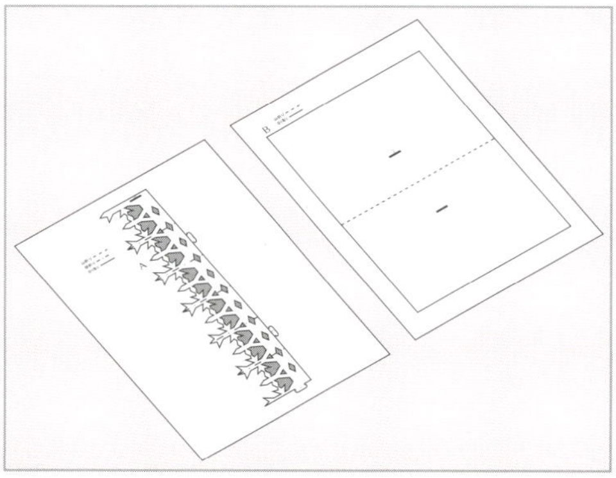

1 コピーした型紙を用紙に貼ります。

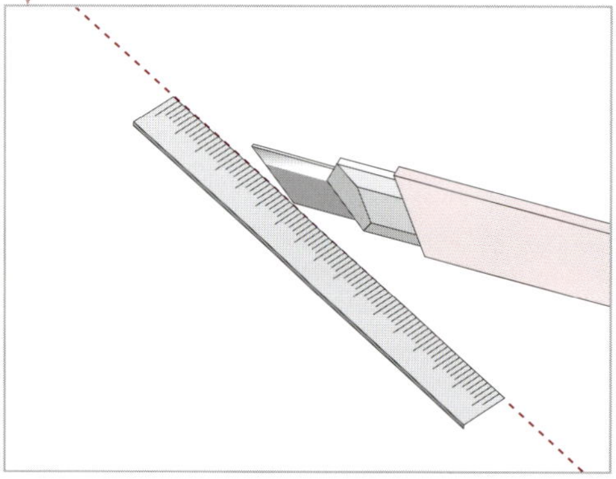

2 山折り線（———）、谷折り線（—・—・—）に沿って、折り目をいれてください。

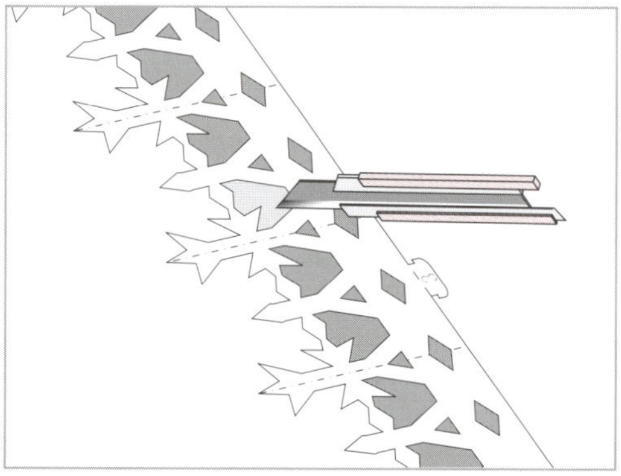

3 グレーに塗りつぶされている部分をカッターで切り抜いてください。次に切り取り線（———）に沿ってハサミまたはカッターで切りとってください。

4 山折り線、谷折り線に沿ってしっかりと折り目をつけます。

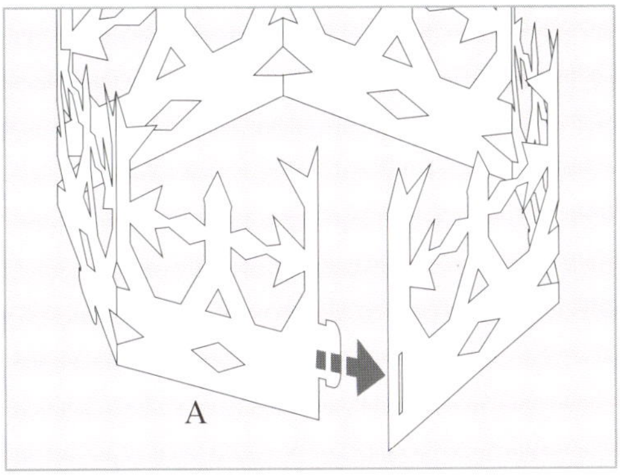

5 Aのツメ１を切りこみ１に図のように差し込みます。

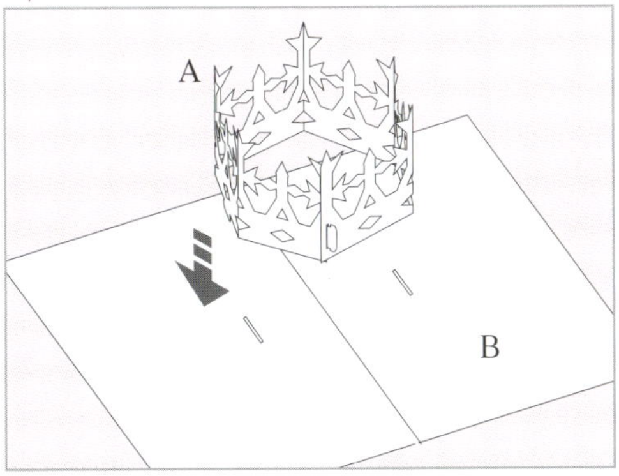

6 Aのツメ２・３を台紙Bの切りこみ２・３に裏側から差し込みます。

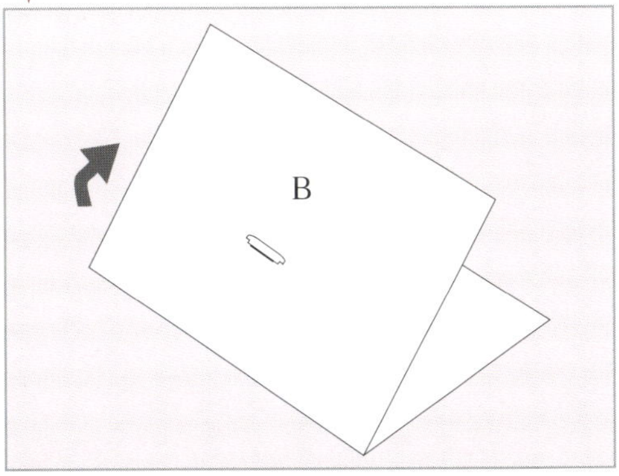

7 台紙Bを折りたたみます。

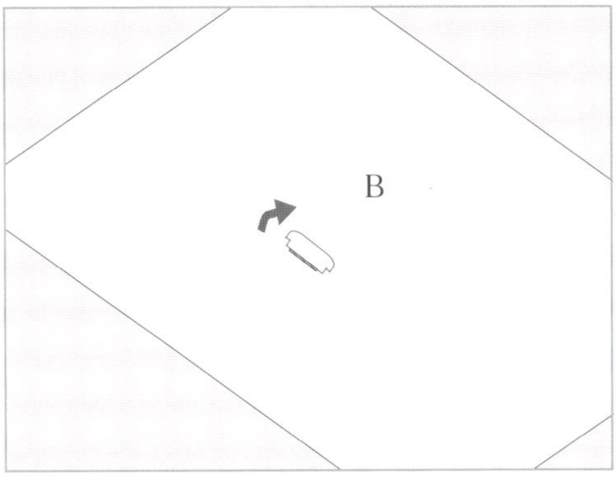

8 Aのツメ２・３を台紙Bに接着します。

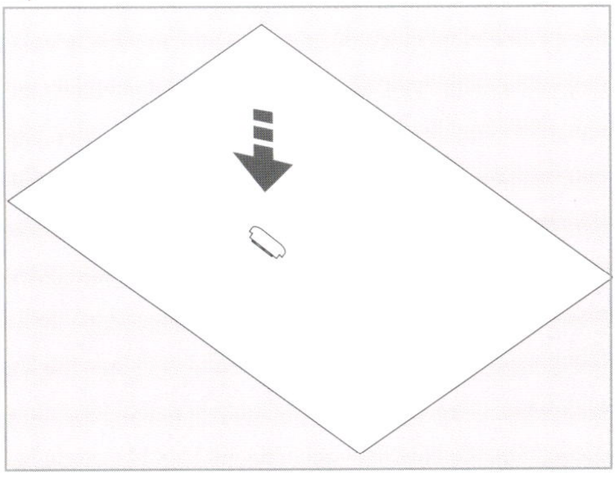

9 上からしっかりと押さえます。

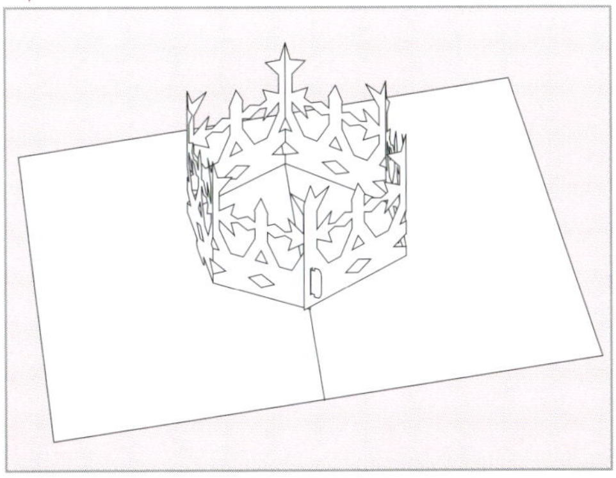

10 完成です。

19 ページ Rose cake バラのケーキの作り方

難易度★★☆☆☆　型紙 p.76

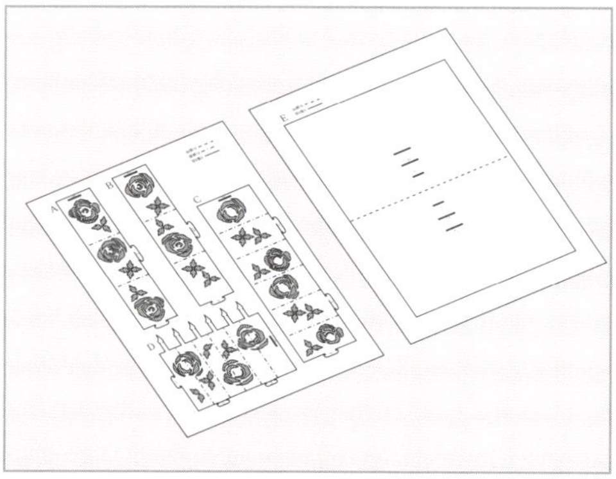

1 コピーした型紙を用紙に貼ります。

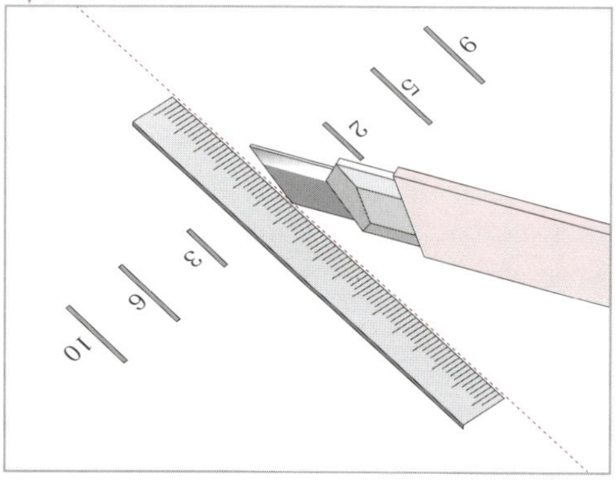

2 山折り線（―――）、谷折り線（―・―・―）に沿って、折り目をいれてください。

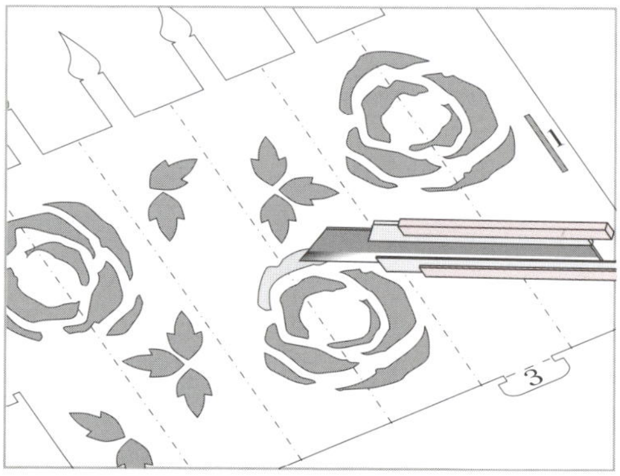

3 グレーに塗りつぶされている部分をカッターで切り抜いてから、切り取り線（―――）に沿ってハサミまたはカッターで切りとってください。

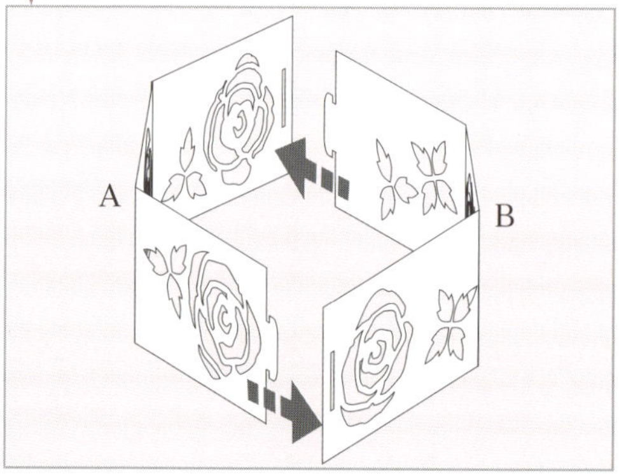

4 Aのツメ7をBの切り込み7に、Bのツメ8をAの切りこみ8に差し込みます。

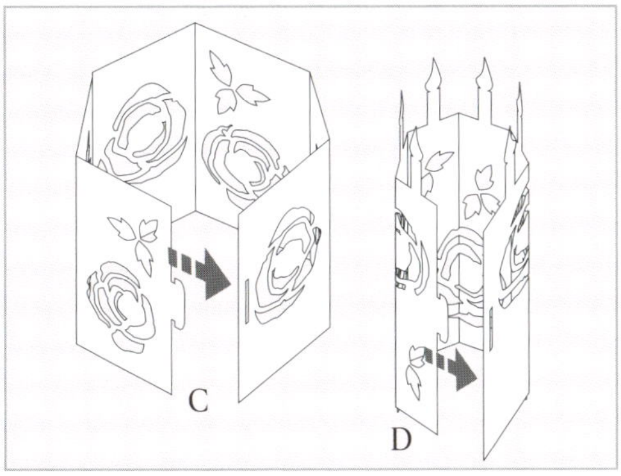

5 Cのツメ4をCの切り込み4に差し込みます。Dのツメ1をDの切り込み1に差し込みます。

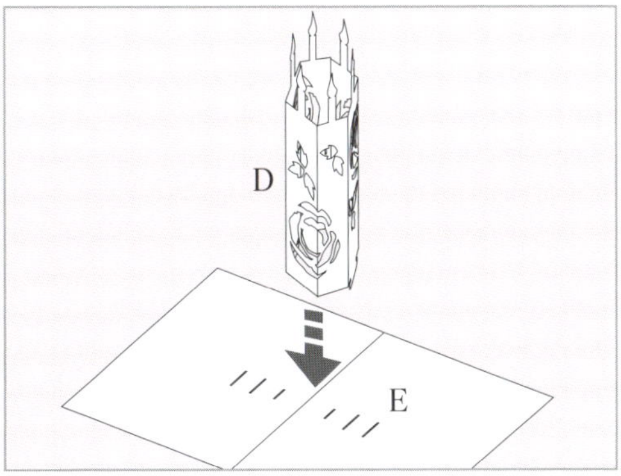

6 Dのツメ2・3を台紙Eの切り込み2・3に裏側から差し込みます。

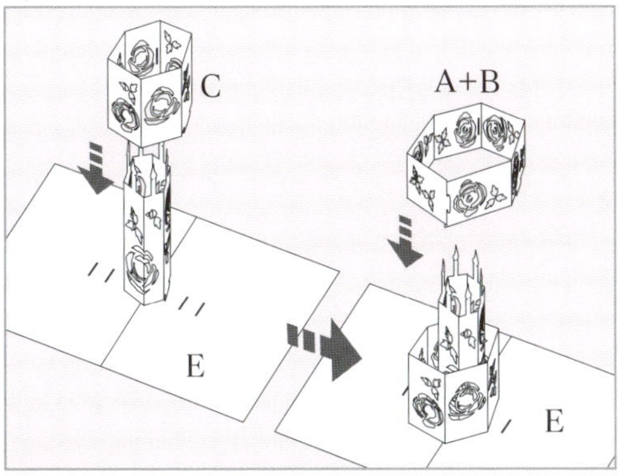

7 Cのツメ5・6を台紙Eの切り込み5・6に差し込みます。次に、A＋Bのツメ9・10を台紙Eの切り込み9・10に差し込みます。

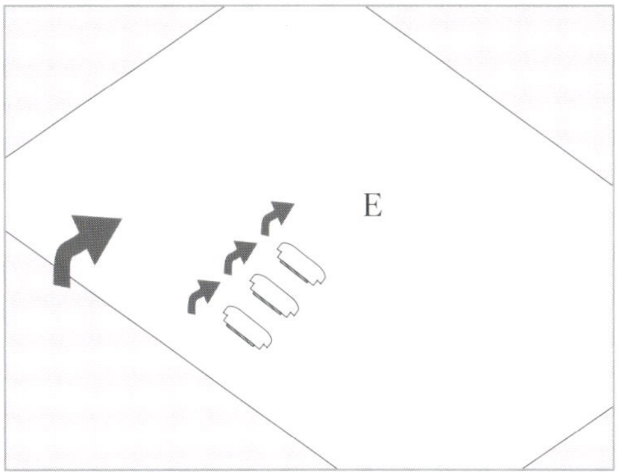

8 台紙Eを折りたたんでから、ツメ2・3・5・6・9・10を台紙Eに接着します。

9 上からしっかりと押さえます。

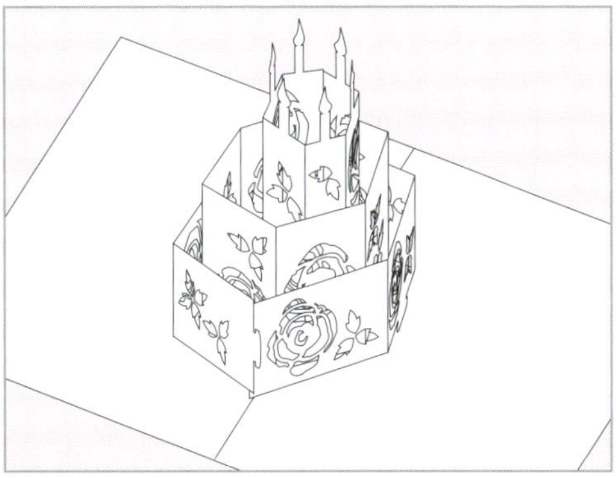

10 完成です。

20 ページ Chandelier シャンデリアの作り方

難易度★⯪☆☆☆　型紙付きカード用紙 p.96

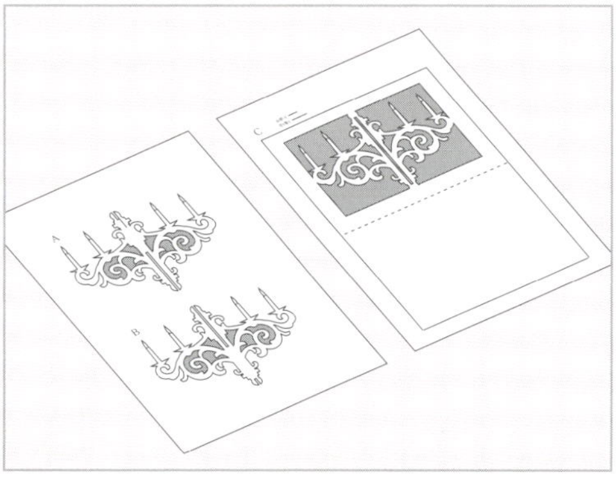

1 本からカード用紙を切り離します。

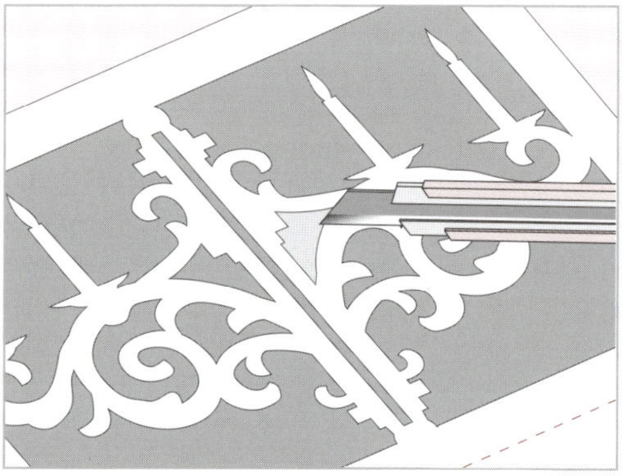

2 山折り線（－－－）に沿って、折り目をいれてください。

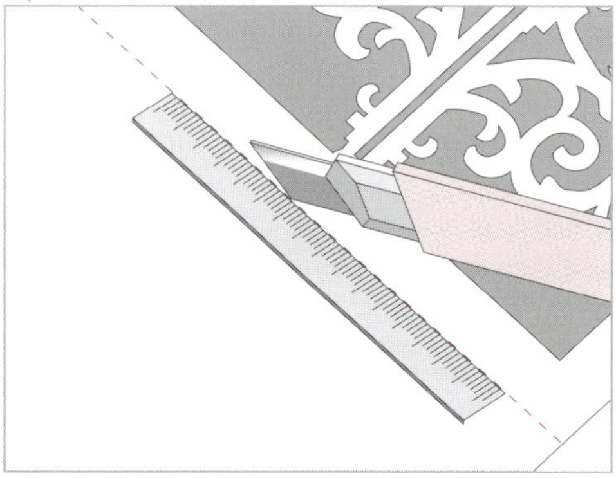

3 グレーに塗りつぶされている部分をカッターで切り抜いてください。次に切り取り線（——）に沿ってハサミまたはカッターで切りとってください。

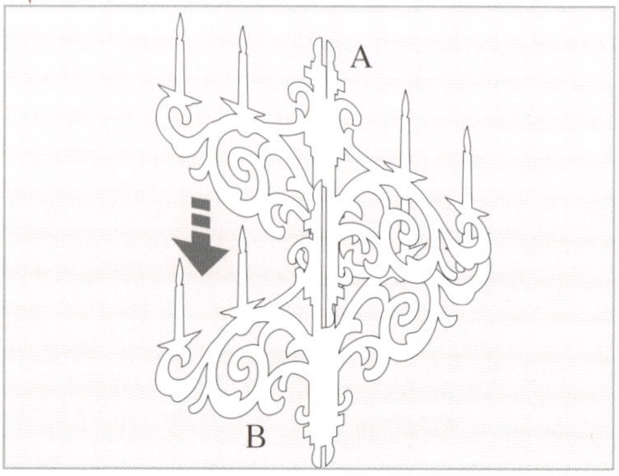

4 B上部の切りこみに、A下部の切り込みを図のように組み合わせます。

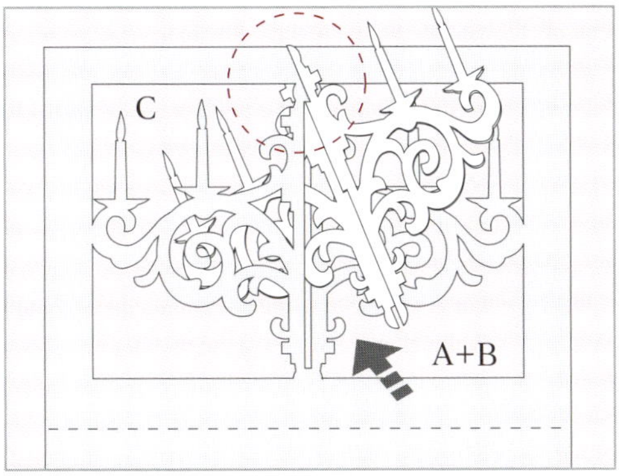

5 A＋Bをたたんでから、Cの切りこみに図のように斜め下から差し込みます。

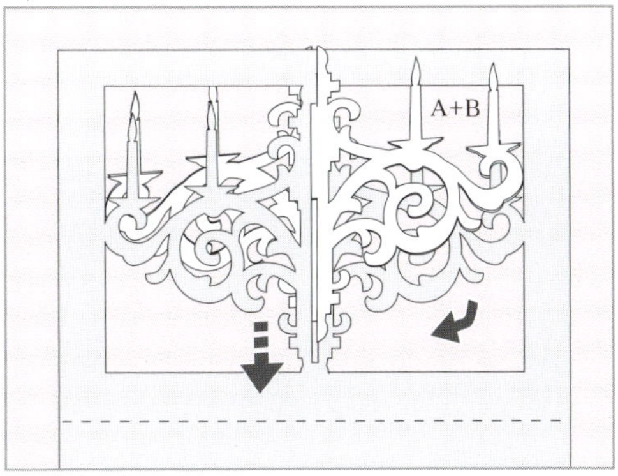

6 A＋Bを図のように右回転させてから、まっすぐ下に下ろして組み合わせます。

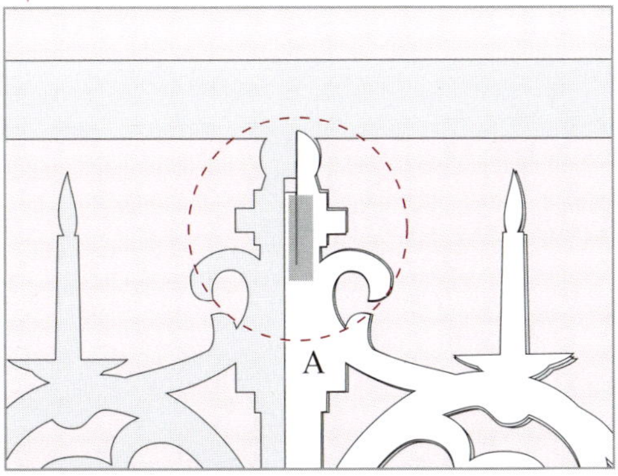

7 Aの図の部分に、B・Cに付かないようにテープを貼ります。

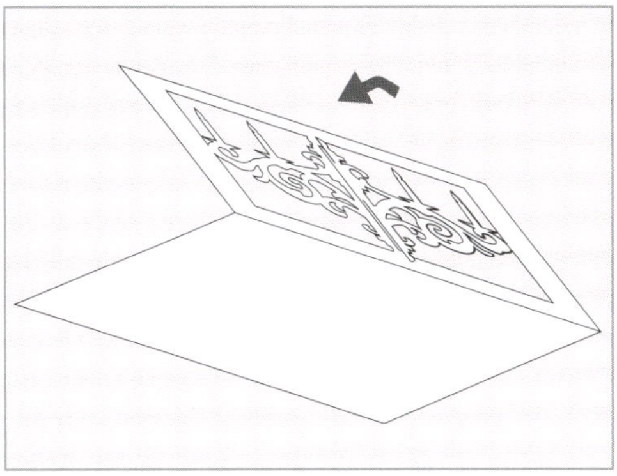

8 A＋Bをたたんだまま、台紙Cを折りたたみます。

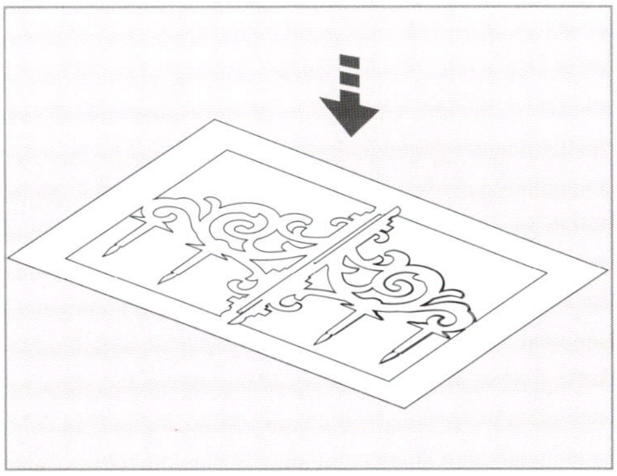

9 上からしっかりと押さえます。

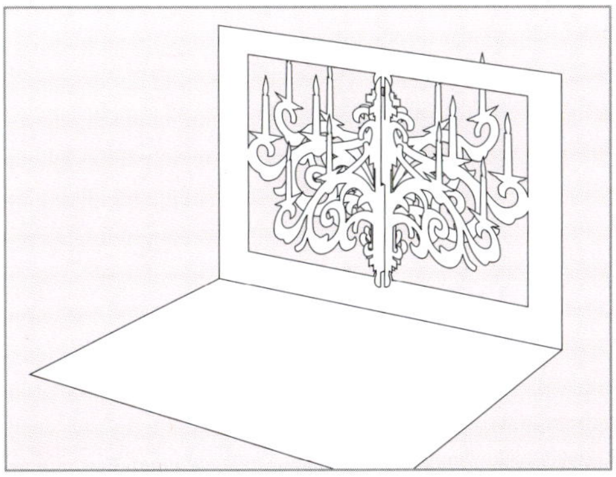

10 完成です。

22 ページ

Church 教会の作り方

難易度★★☆☆☆　型紙 p.78

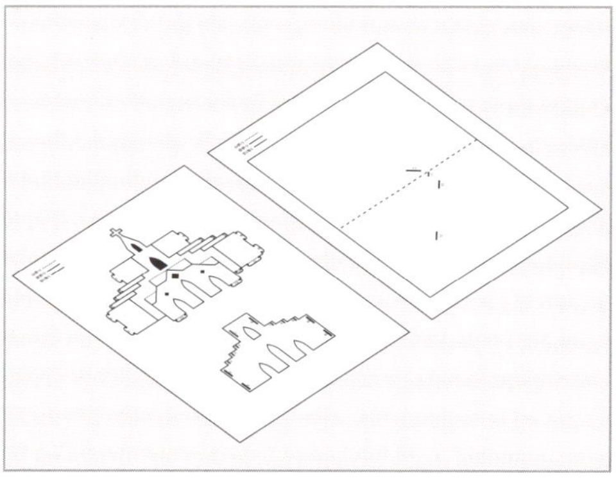

1 コピーした型紙を用紙に貼ります。

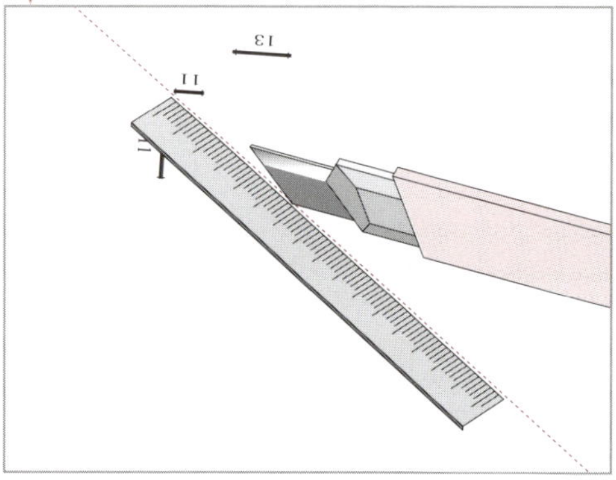

2 山折り線（－－－）、谷折り線（―・―・―）に沿って、折り目をいれてください。

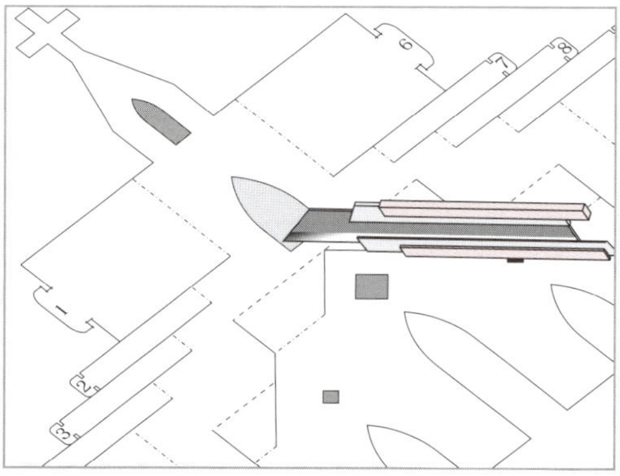

3 グレーに塗りつぶされている部分をカッターで切り抜いてください。次に切り取り線（―――）に沿ってハサミまたはカッターで切りとってください。

4 山折り線、谷折り線に沿ってしっかりと折り目をつけます。

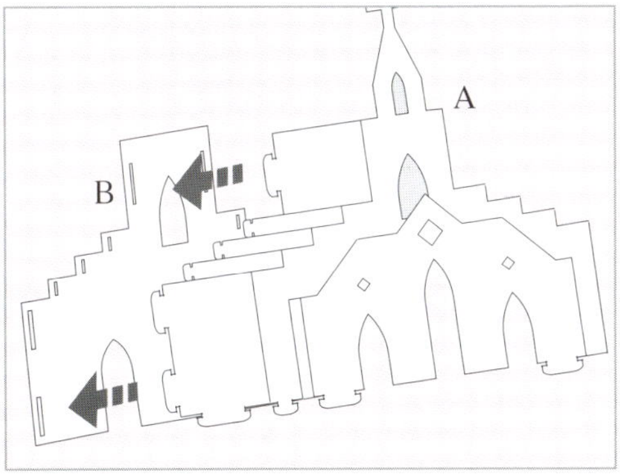

5 印刷面が裏側にくるように、Aのツメ1～10をBの切りこみ1～10に差し込みます。

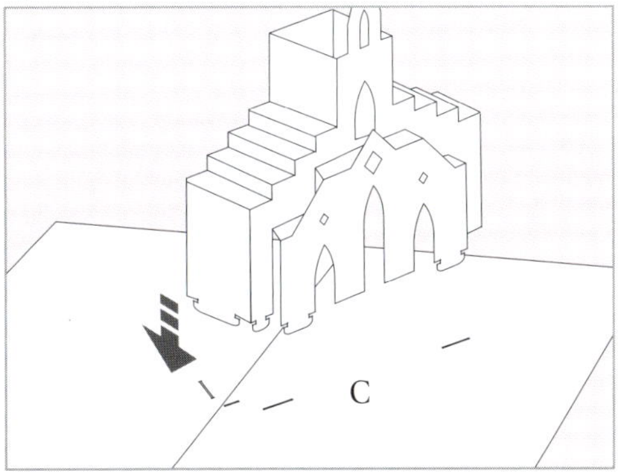

6 ツメ11・12・13を台紙Cの切りこみ11・12・13に裏側から差し込みます。

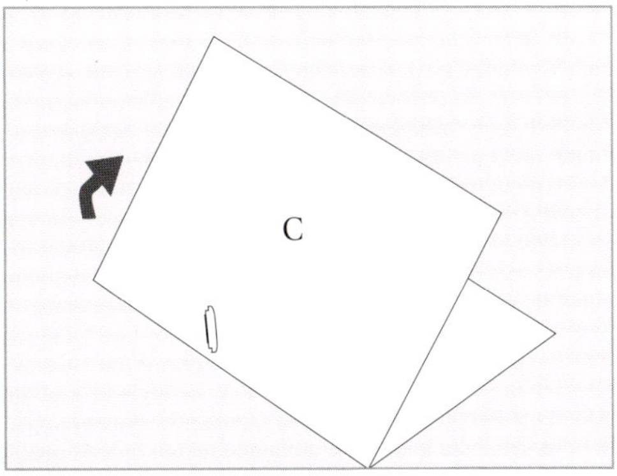

7 台紙Cを折りたたみます。

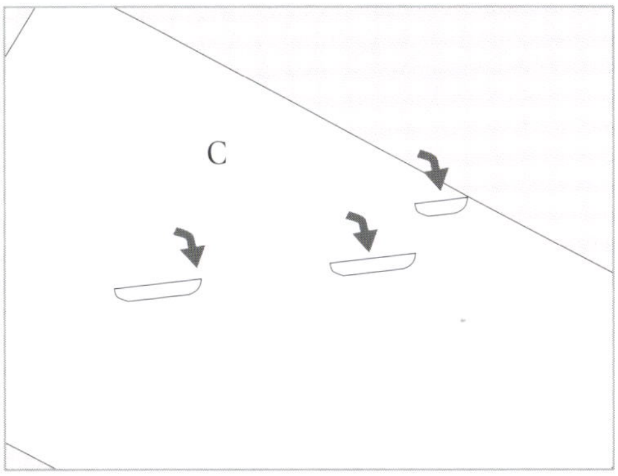

8 ツメ11・12・13を台紙Cに接着します。

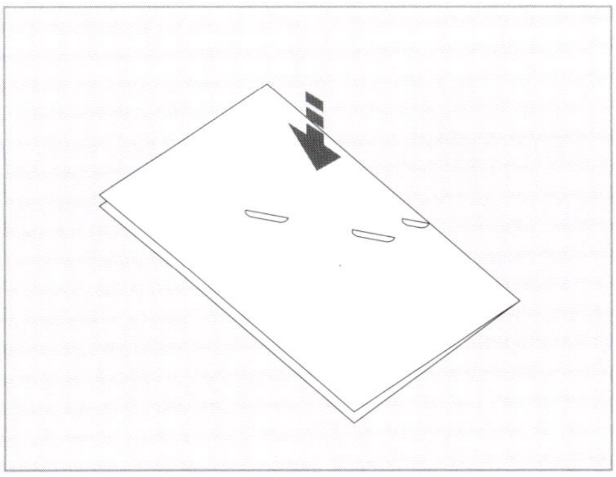

9 上からしっかりと押さえます。

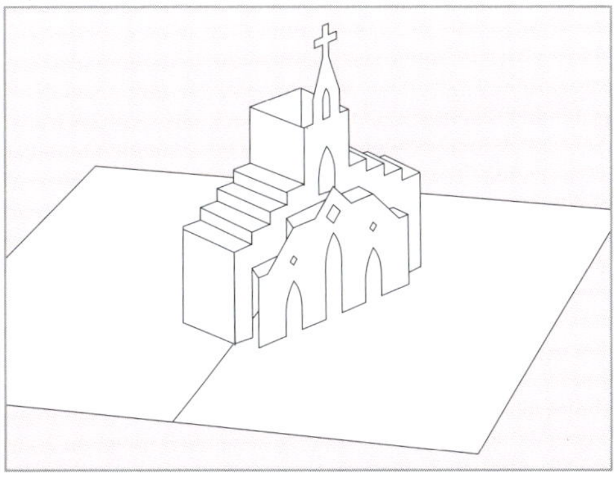

10 完成です。

23 ページ

Coach 馬車の作り方

難易度★★☆☆☆　型紙付きカード用紙 p.100

1 本からカード用紙を切り離します。

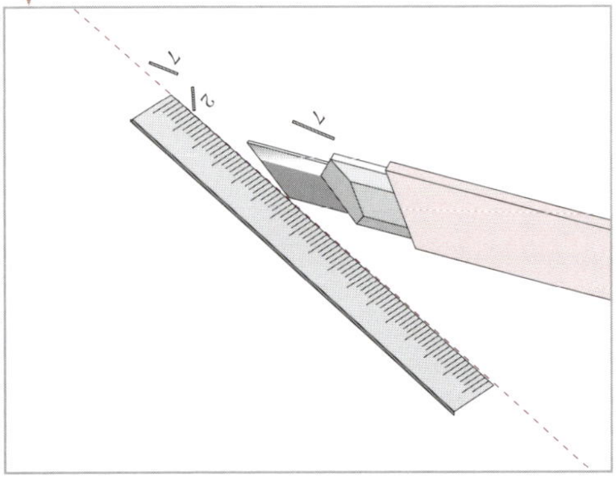

2 山折り線（———）、谷折り線（—・—・—）に沿って、折り目をいれてください。

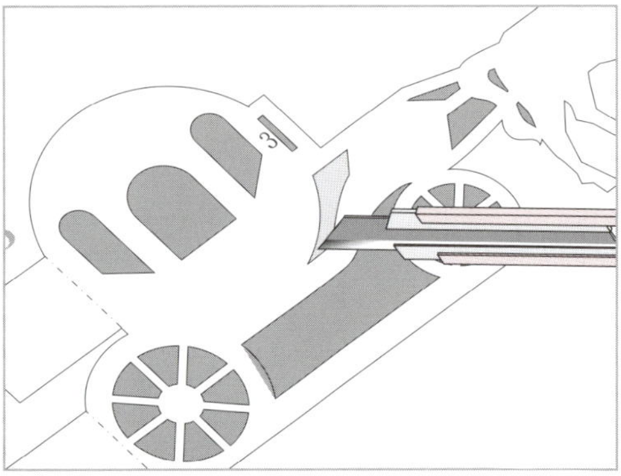

3 グレーに塗りつぶされている部分をカッターで切り抜いてください。次に切り取り線（——）に沿ってハサミまたはカッターで切りとってください。

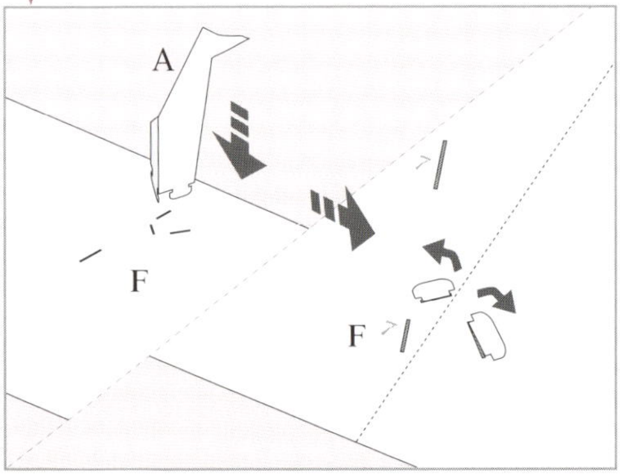

4 Aのツメ1・2を台紙Fの切りこみ1・2に差し込み、裏側から接着します。

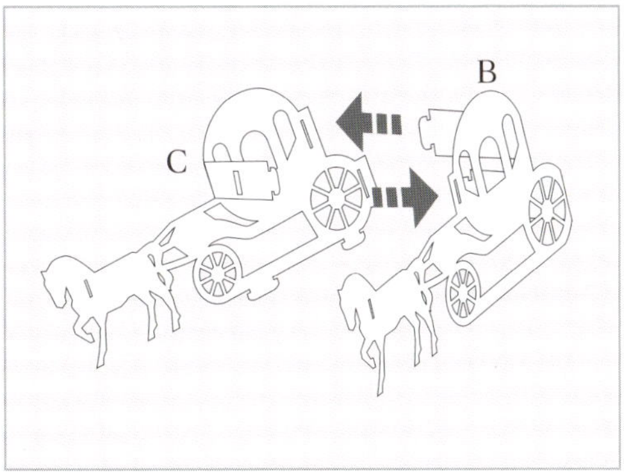

5 Cのツメ3をBの切りこみ3に差し込みます。Bのツメ4・5をCの切りこみ4・5に差し込みます。

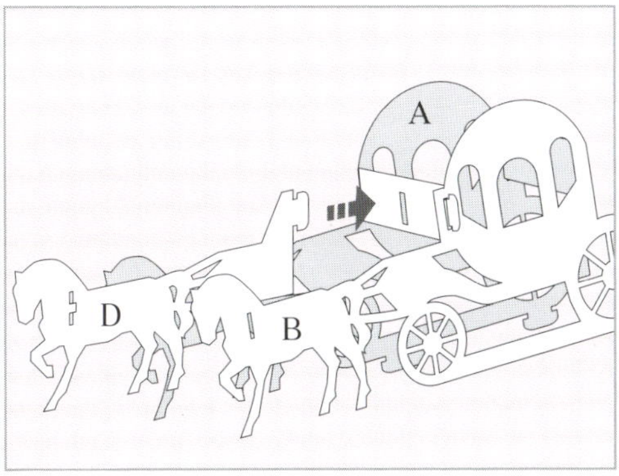

6 Dのツメ6をCの切りこみ6に差し込みます。

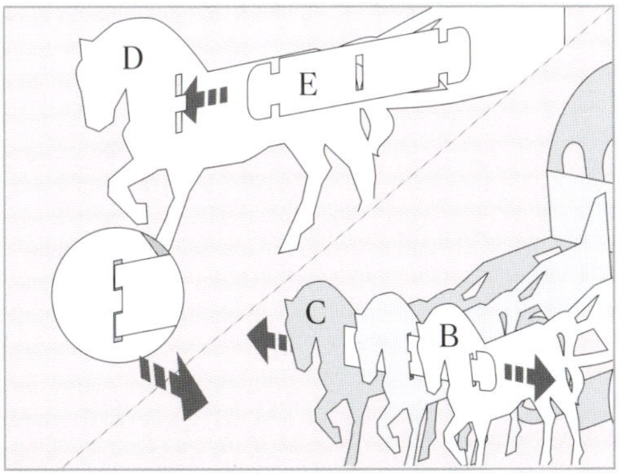

7 Dの切りこみにEを斜め後ろから差し込み、図のように組み合わせます。次にE左右のツメをB・Cの切りこみに差し込みます。

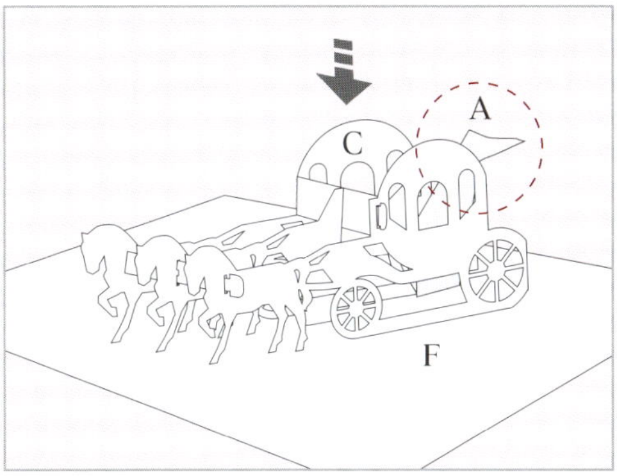

8 Aが図のように出るように、Cのツメ7を台紙Fの切りこみ7に差し込みます。

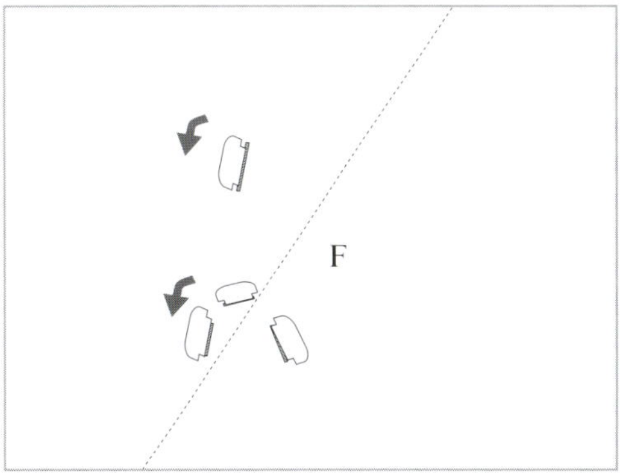

9 ツメ7を裏側から接着します。

10 完成です。

10 ページ Cristmas tree クリスマスツリーの作り方

難易度★★☆☆☆　型紙 p.80

1 コピーした型紙を用紙に貼ります。

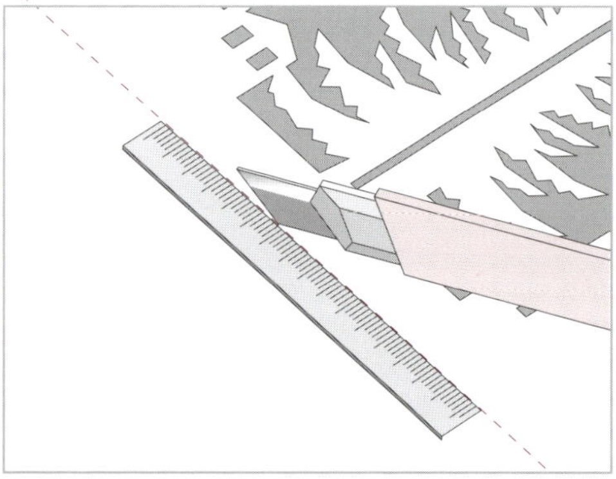

2 山折り線（– – –）に沿って、折り目をいれてください。

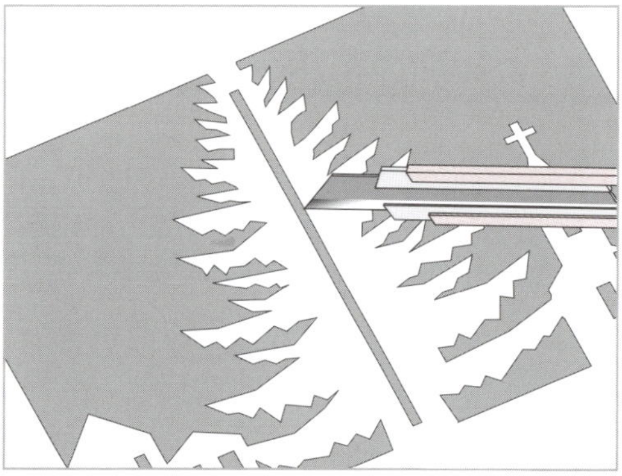

3 グレーに塗りつぶされている部分をカッターで切り抜いてください。次に切り取り線（——）に沿ってハサミまたはカッターで切りとってください。

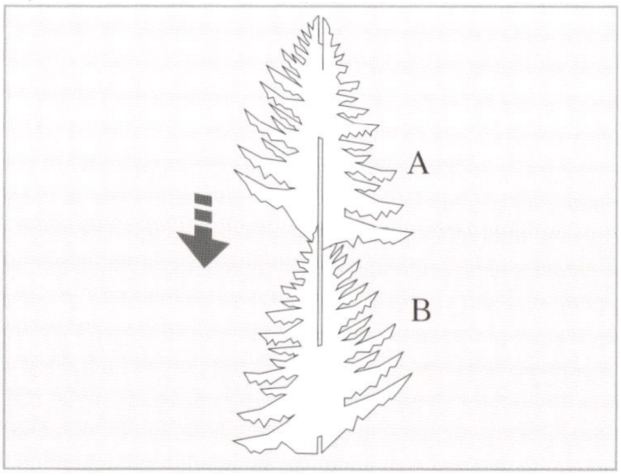

4 B上部の切り込みに、A下部の切り込みを図のように組み合わせます。

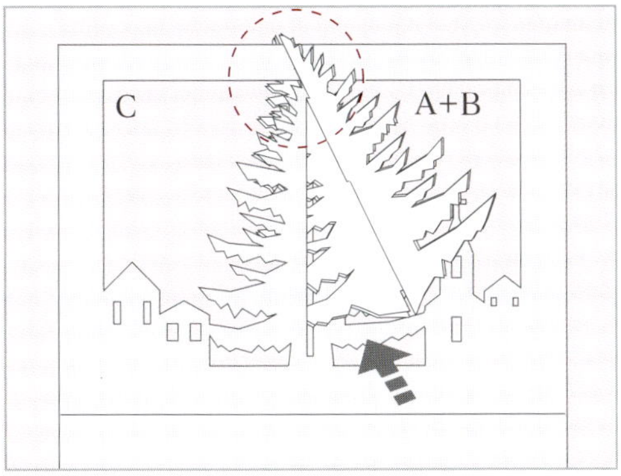

5 A＋Bをたたんでから、Cの切り込みに図のように斜め下から差し込みます。

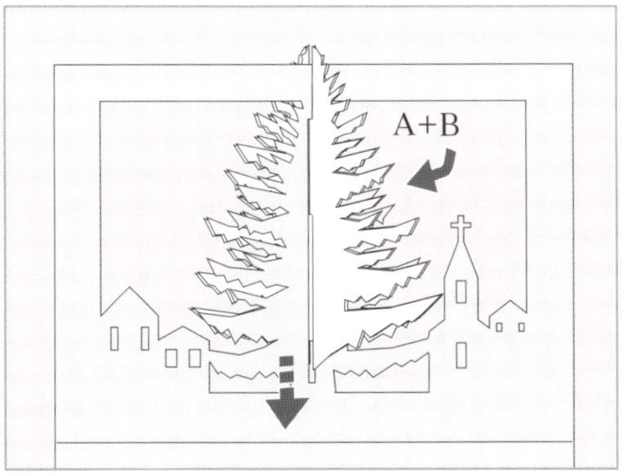

6 A＋Bを図のように右回転させてから、まっすぐ下に下ろして組み合わせます。

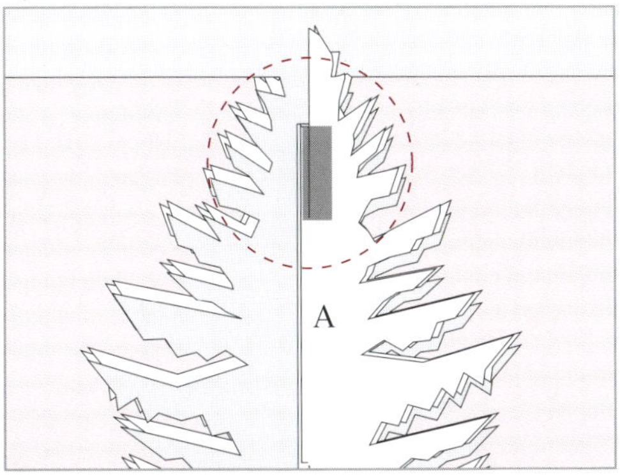

7 Aの図の部分に、B・Cに付かないようにテープを貼ります。

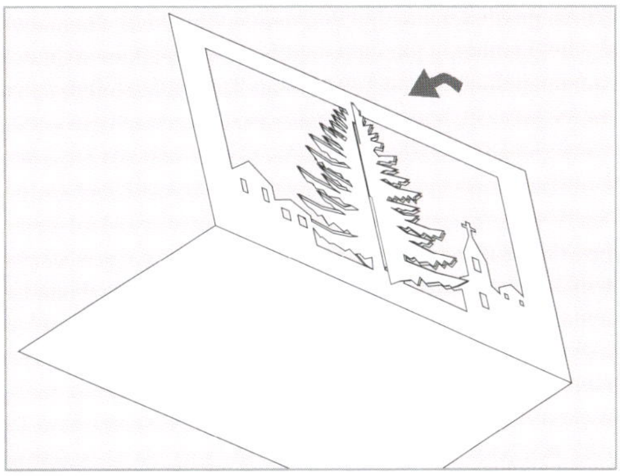

8 A＋Bをたたんだまま、台紙Cを折りたたみます。

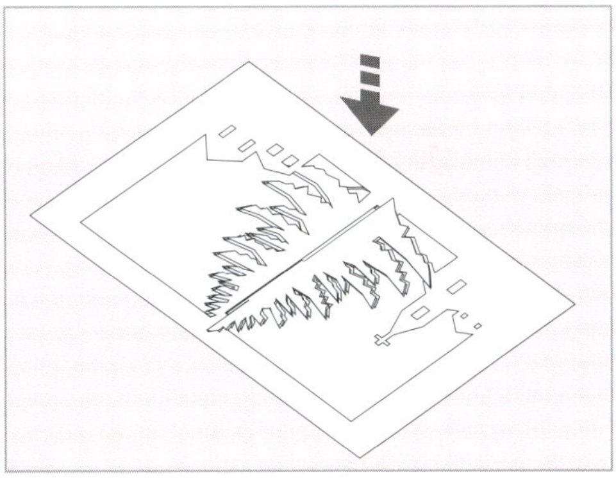

9 上からしっかりと押さえます。

10 完成です。

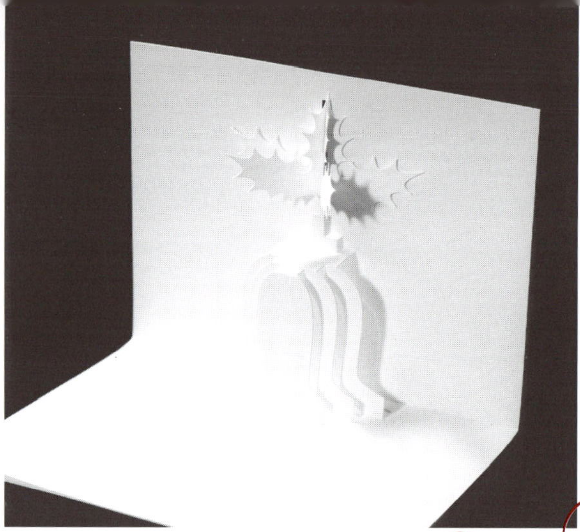

26 ページ Bell ベルの作り方

難易度★☆☆☆☆　型紙付きカード用紙 p.104

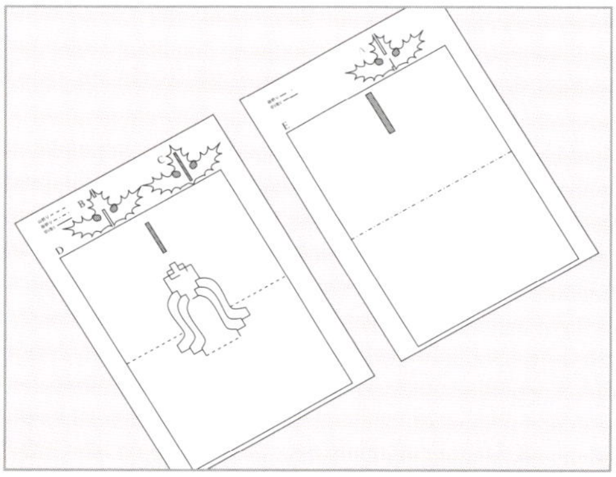

1 本からカード用紙を切り離します。

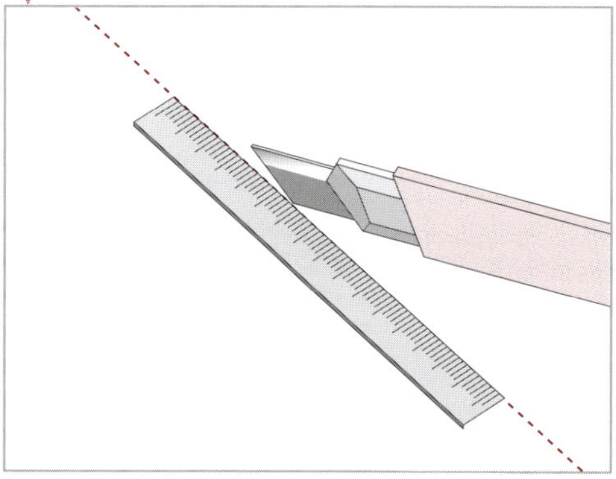

2 山折り線(———)、谷折り線(—・—・—)に沿って、折り目をいれてください。

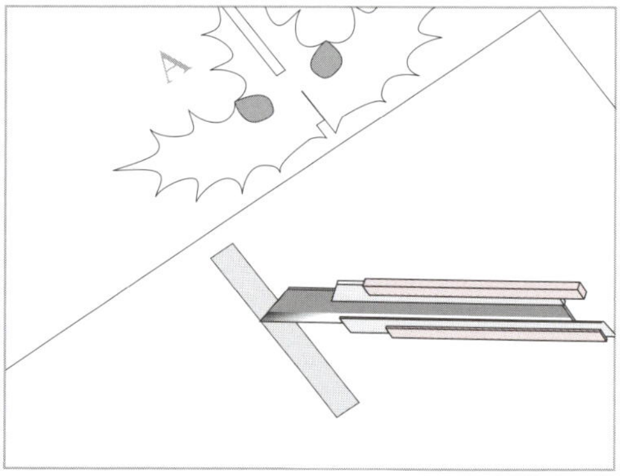

3 グレーに塗りつぶされている部分をカッターで切り抜いてから、切り取り線(——)に沿ってハサミまたはカッターで切りとってください。

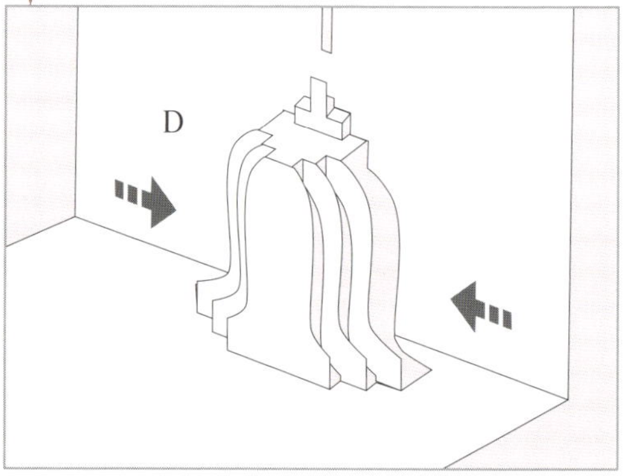

4 Dを山折り線、谷折り線に沿って折ります。細かい部分はピンセットを使って折ってください。型紙の両端から中央に向かって順番に折っていくと、きれいに折れます。

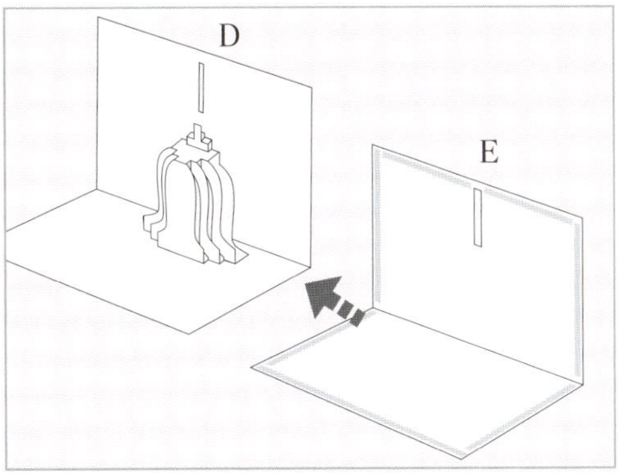

5 図のように台紙Eの淵(図のグレーの部分)に接着剤を付け、Dの裏側から接着します。

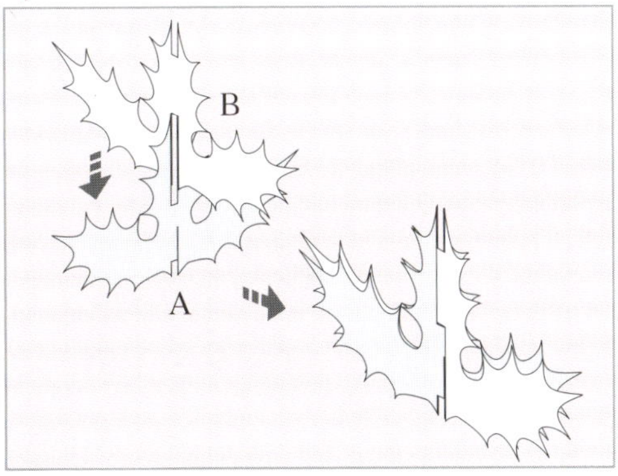

6 A上部の切りこみにBを上から図のように組み合わせ、折りたたみます。

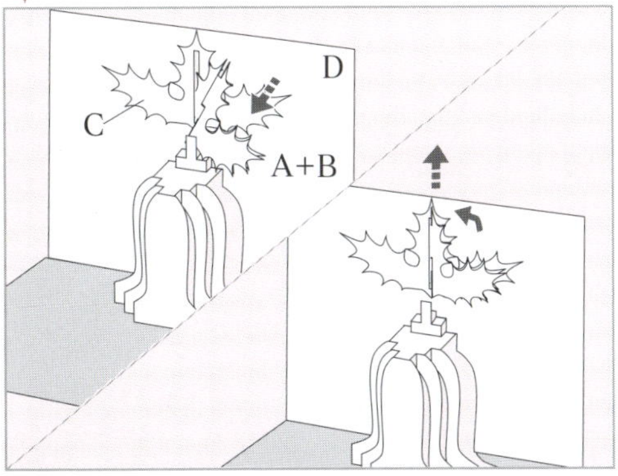

7 Dの切りこみとCの切りこみを重ねて、A＋Bを図のように斜め上から差し込みます。A＋Bを図のように左回転させてから、まっすぐ上に上げて組み合わせます。

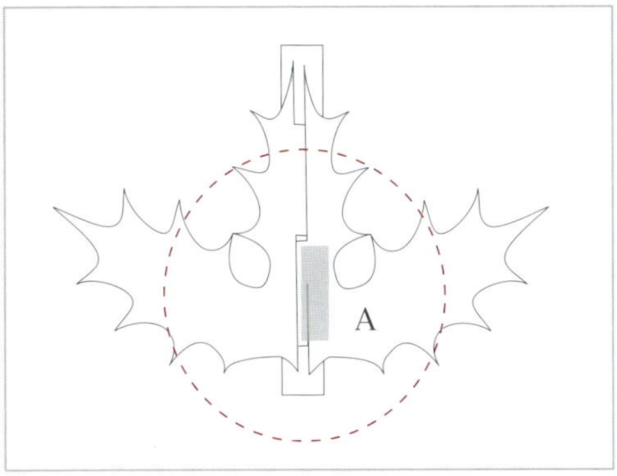

8 Aの図の部分に、Bに付かないようにテープを貼ります。

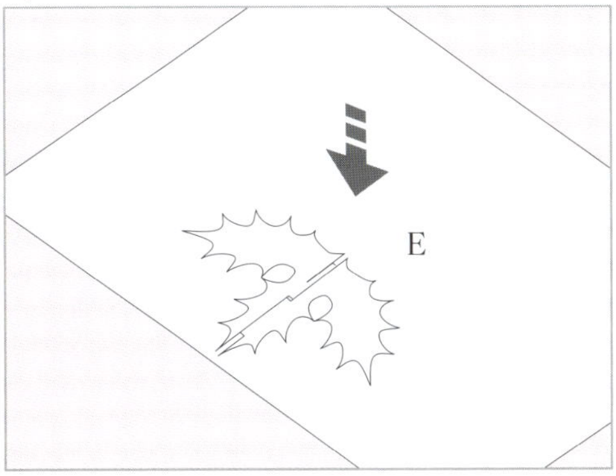

9 台紙Eを折りたたんで上からしっかりと押さえます。

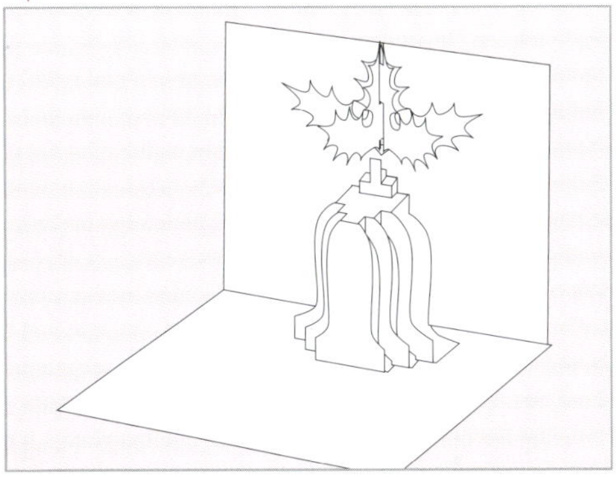

10 完成です。

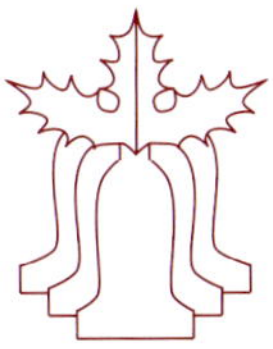

24 ページ Star tree 星のツリーの作り方

難易度★★★☆☆　型紙付きカード用紙 p.108

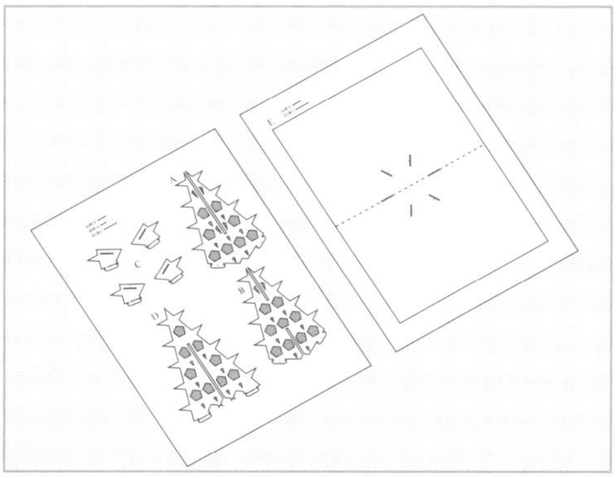

1 本からカード用紙を切り離します。

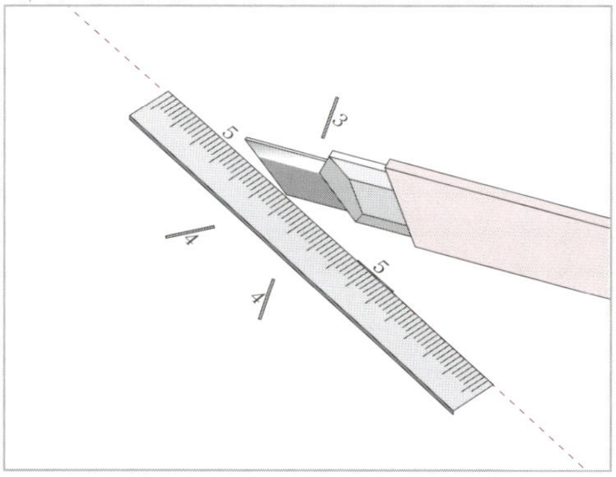

2 山折り線（―――）に沿って、折り目をいれてください。

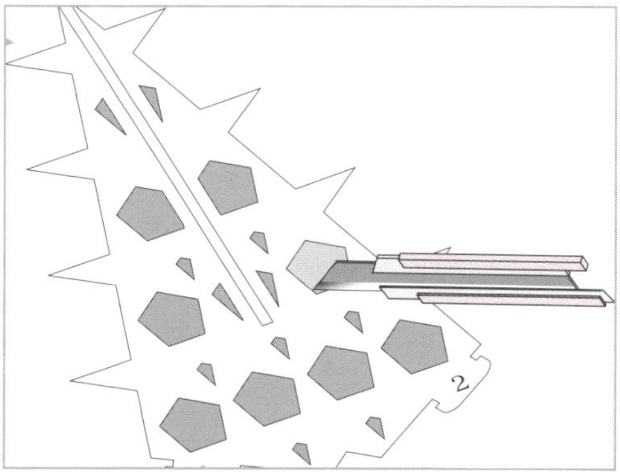

3 グレーに塗りつぶされている部分をカッターで切り抜いてから、切り取り線（――）に沿ってハサミまたはカッターで切りとってください。山折り線に沿って折り目をつけてください。

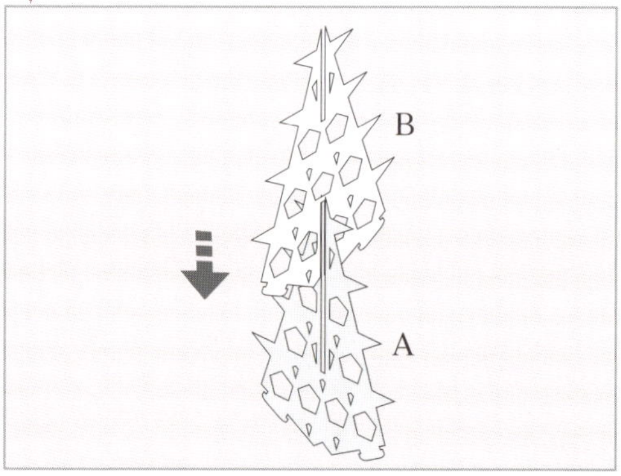

4 B下部の切りこみを、Aの切りこみに図のように上から差し込みます。

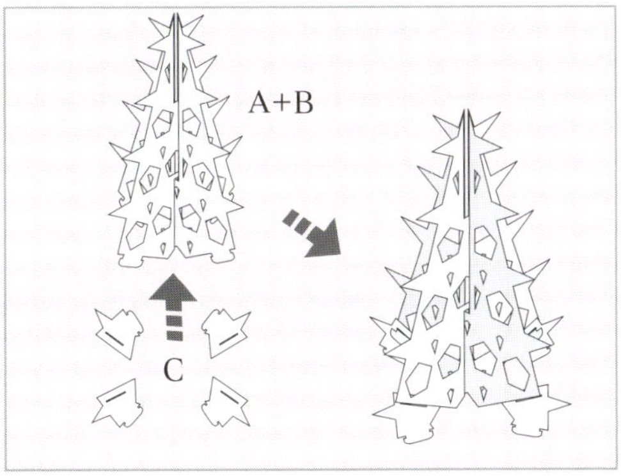

5 Ａ＋Ｂのツメ1･2をＣの切りこみ1･2に図のように差し込みます。

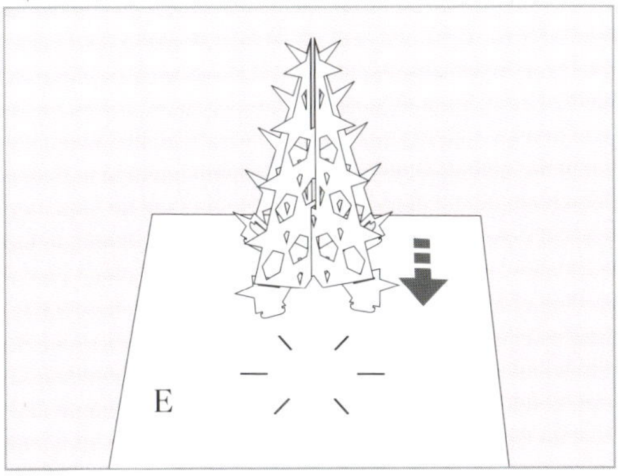

6 Ｃのツメ3･4を台紙Ｅの切りこみ3･4に裏側から差し込みます。

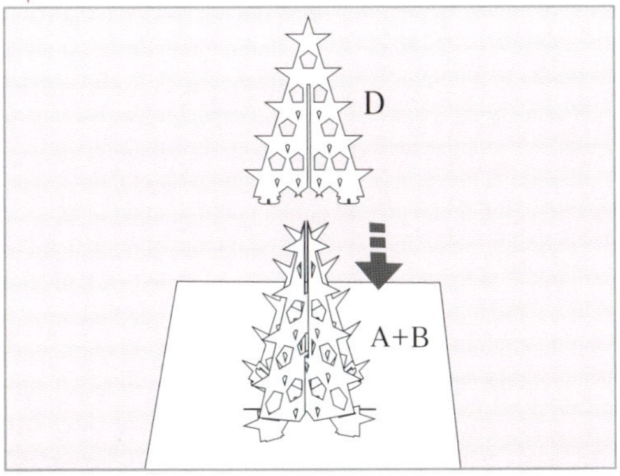

7 Ａ＋Ｂ中央の切りこみにＤの切りこみを組み合わせます。

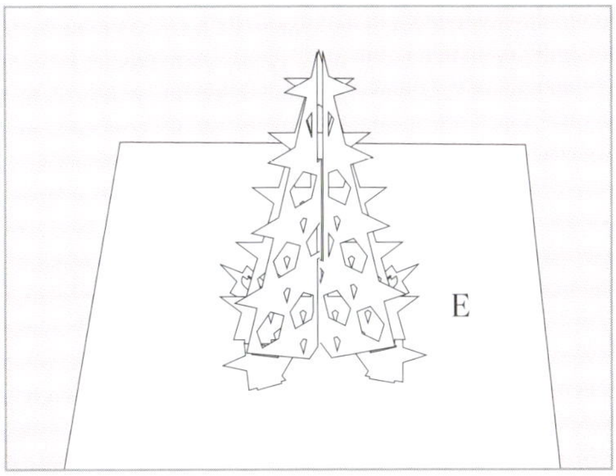

8 Ｄのツメ5を台紙Ｅの切りこみ5に差し込みます。

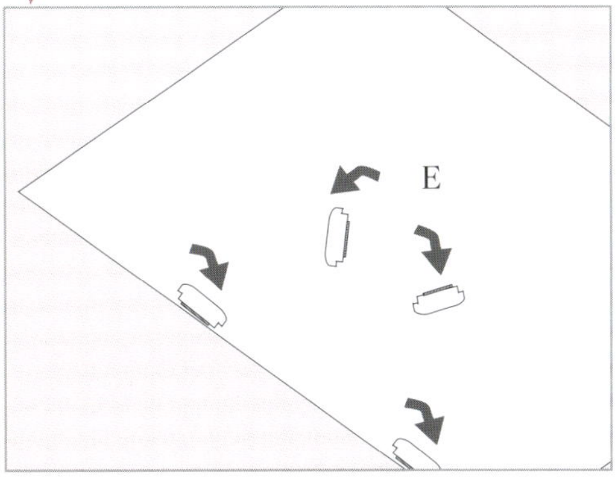

9 台紙Ｅを折りたたんでから、ツメ3･4･5を台紙Ｅに接着します。

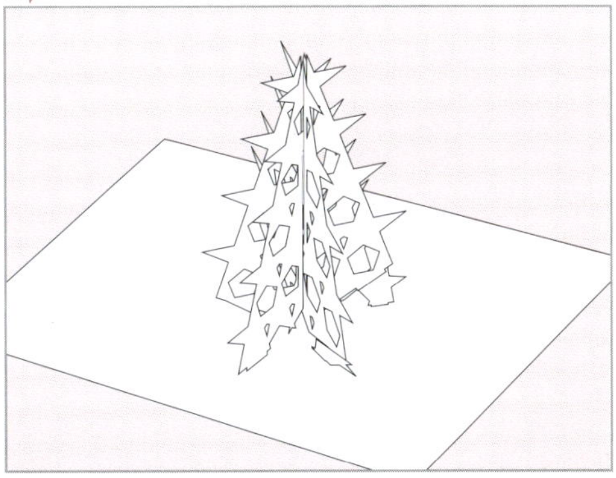

10 完成です。

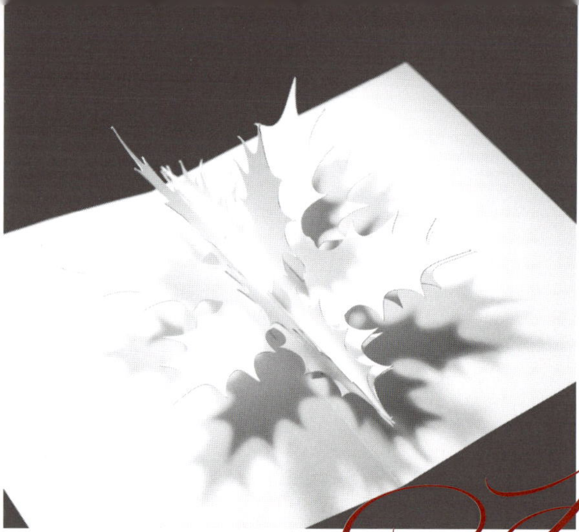

10 ページ

Holly ヒイラギの作り方

難易度★★★★☆　型紙 p.82

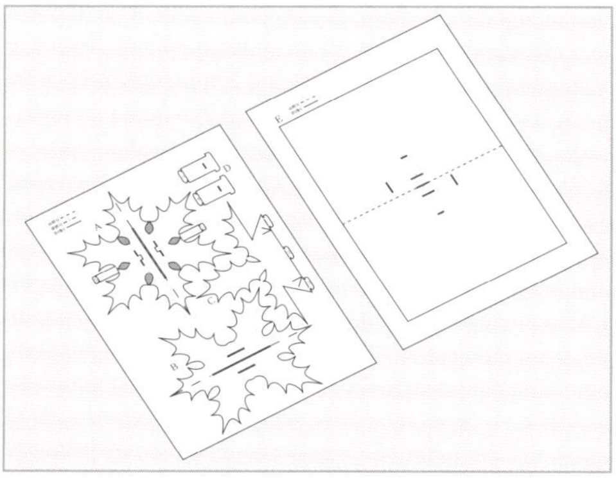

1 コピーした型紙を用紙に貼ります。

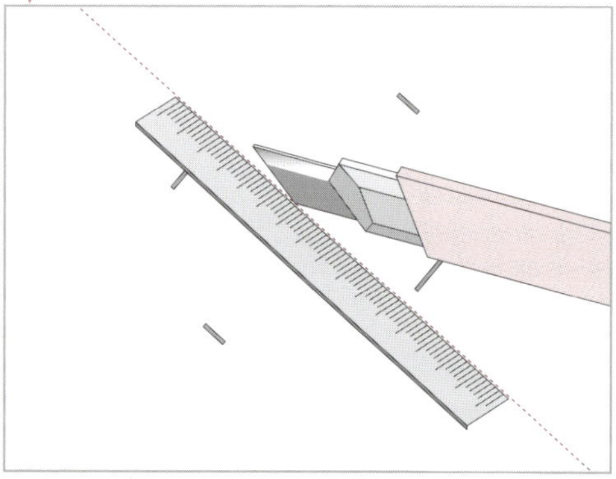

2 山折り線（――― ）、谷折り線（―・―・―）に沿って、折り目をいれてください。

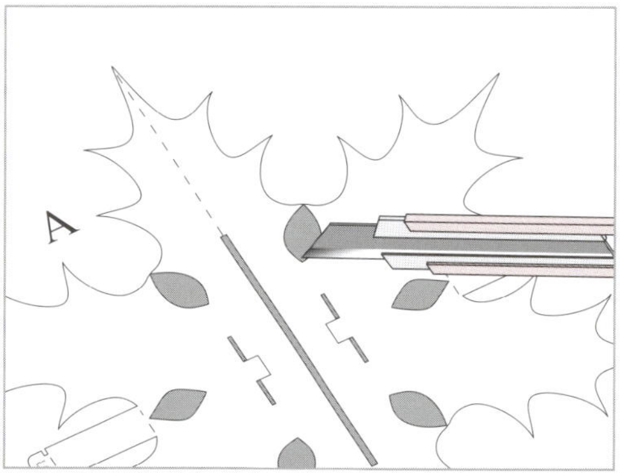

3 グレーに塗りつぶされている部分をカッターで切り抜いてから、切り取り線（――）に沿ってハサミまたはカッターで切りとってください。山折り線、谷折り線に沿って折り目をつけてください。

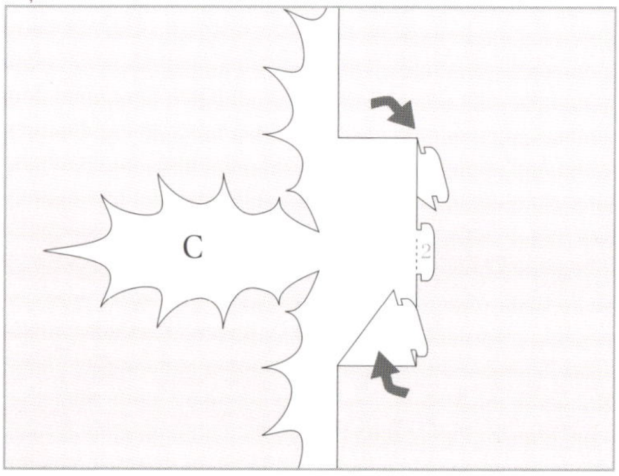

4 Cを図のように折ります。

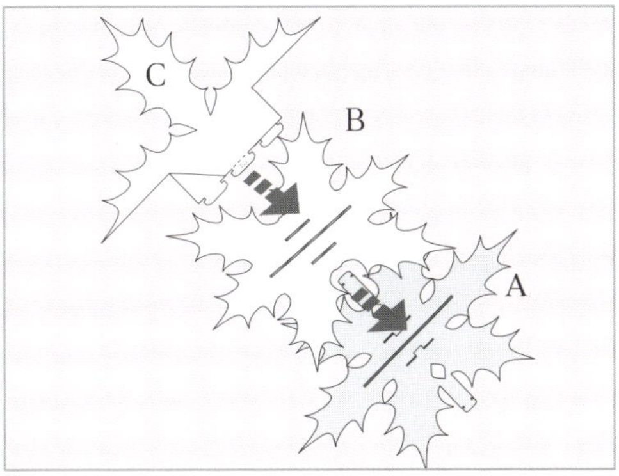

5 Cを折りたたんだまま、B中央の切り込み、A中央の切り込みの順に重ねて差し込みます。

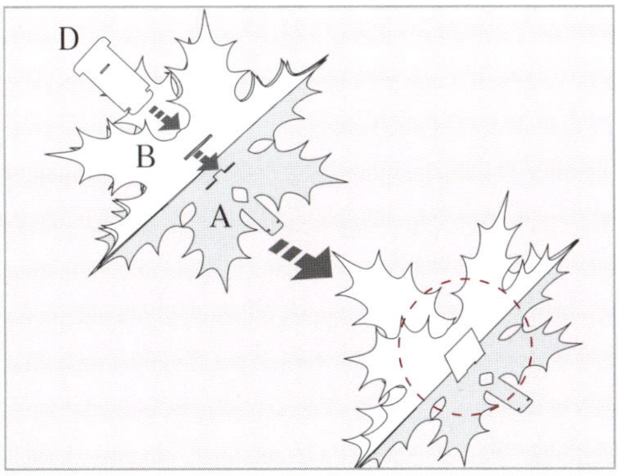

6 DをBの切り込み、Aの切り込みの順に図のように組み合わせます。(2ヵ所)

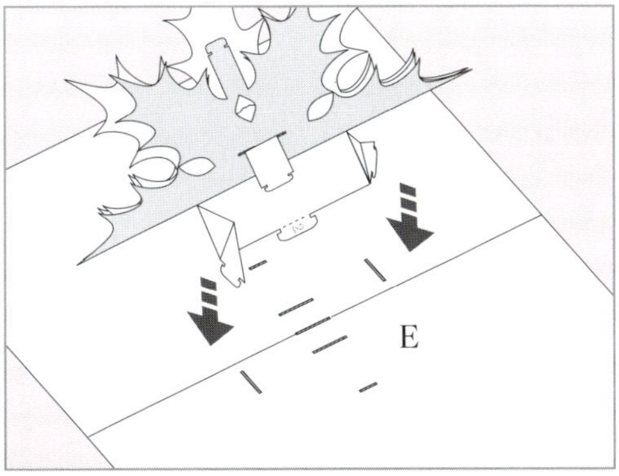

7 Cのツメ1·3を山折り線、谷折り線にそって図のように折ってから、台紙Eの切り込み1・3に裏側から差し込みます。

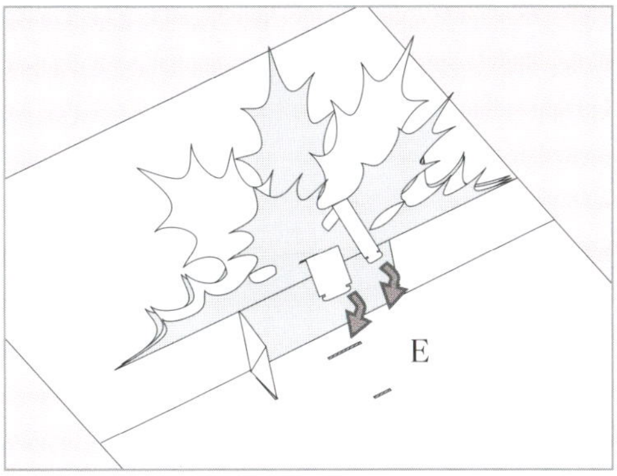

8 ツメ4、5の順に台紙Eに差し込みます。(2ヵ所)

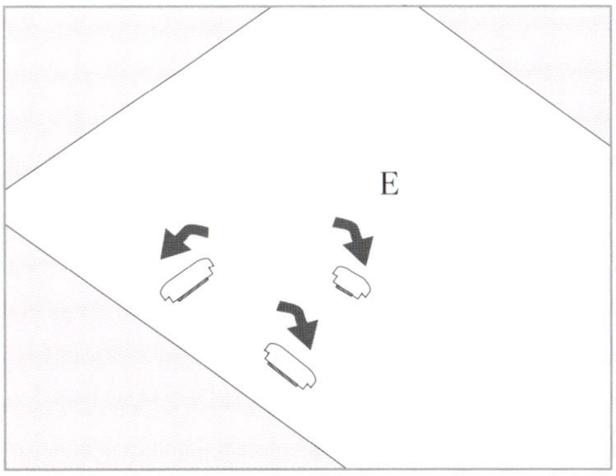

9 台紙Eを折りたたんでから、ツメ1·2·3·4・5を台紙Eに接着します。

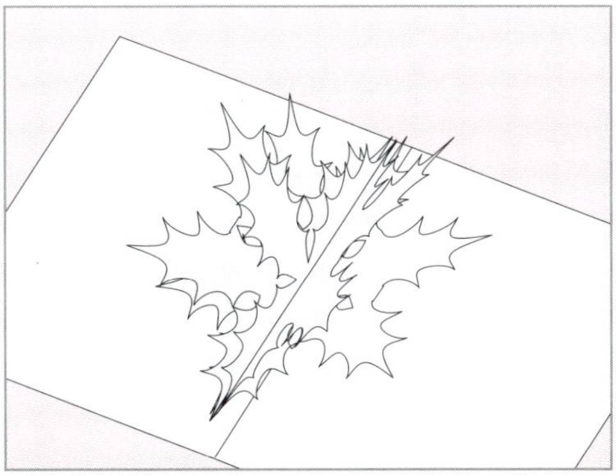

10 完成です。

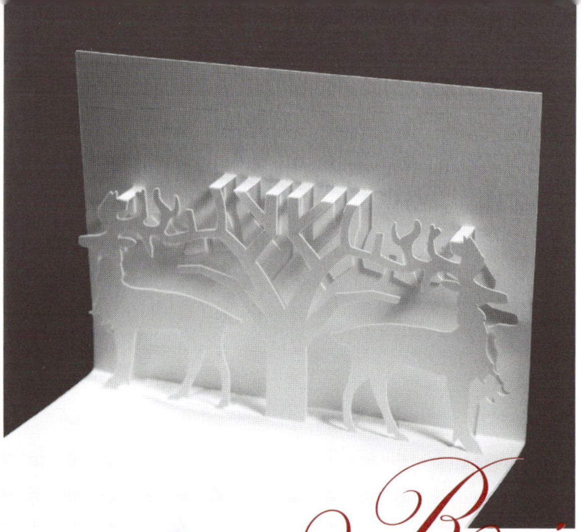

30 ページ *Reindeer* トナカイの作り方

難易度★★☆☆☆　型紙 p.84

1 コピーした型紙を用紙に貼ります。

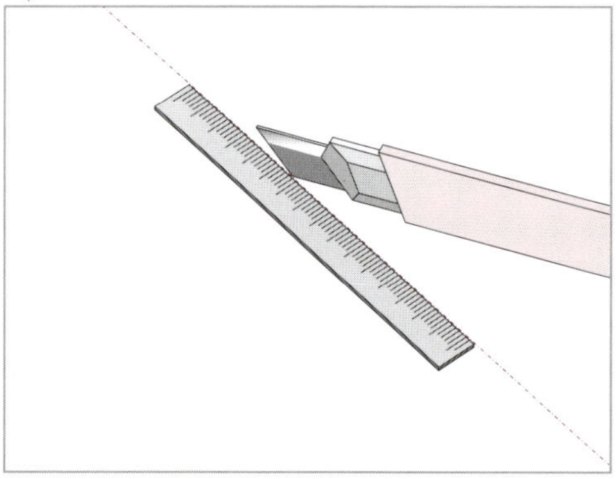

2 山折り線(―――)、谷折り線(―・―・―)に沿って、折り目をいれてください。

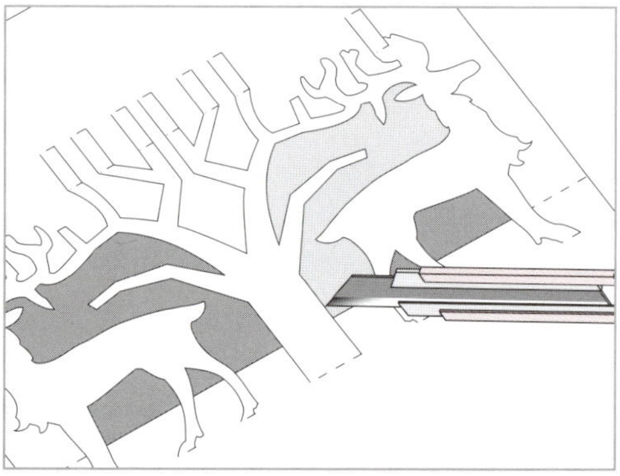

3 グレーに塗りつぶされている部分をカッターで切り抜いてから、切り取り線(――)に沿ってハサミまたはカッターで切りとってください。

4 Aを山折り線、谷折り線に沿って折ります。型紙の両端から折っていきます。

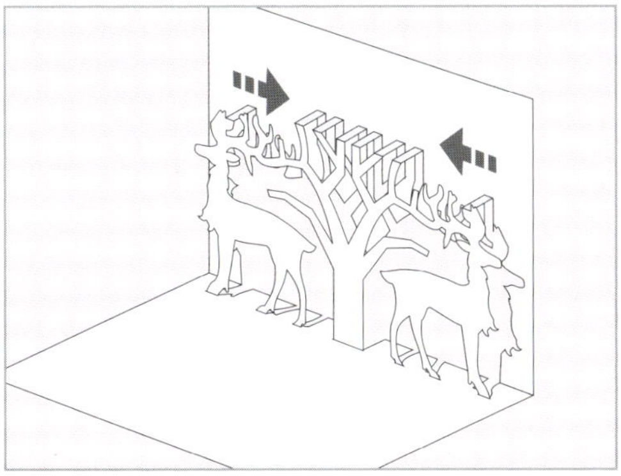

5 型紙の両端から中央に向かって順番に折っていくと、きれいに折れます。細かい部分はピンセットを使って折ってください。

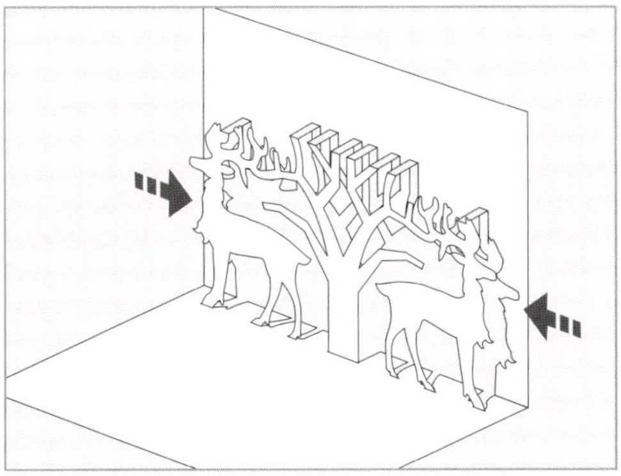

6 折り終わったら、再度全体の山折り線、谷折り線にしっかりと折り目をつけます。

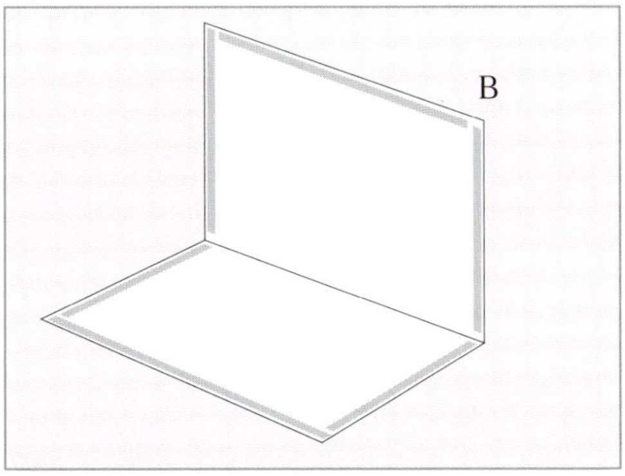

7 図のように台紙Bの淵(図のグレーの部分)に接着剤を付けます。

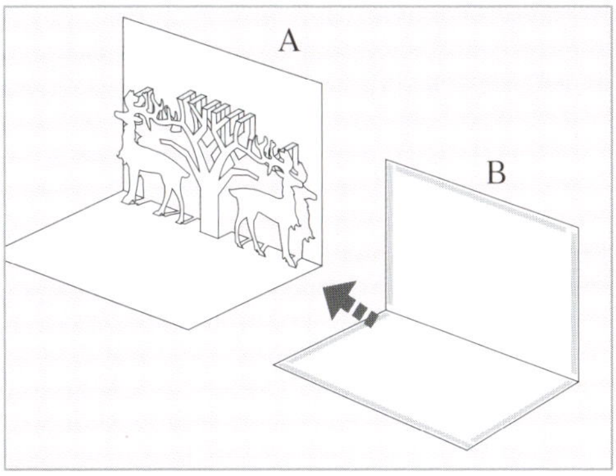

8 Aの裏側から接着します。

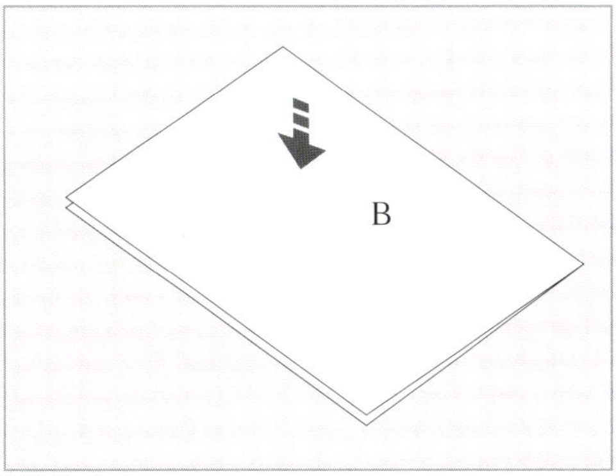

9 台紙Bを折りたたんで上からしっかりと押さえます。

10 完成です。

31 ページ Cristmas クリスマスの作り方

難易度★☆☆☆☆　型紙 p.86

1 コピーした型紙を用紙に貼ります。

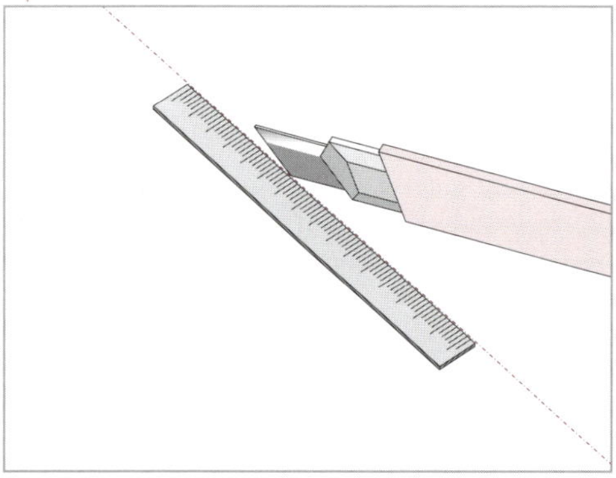

2 山折り線（―――）、谷折り線（―・―・―）に沿って、折り目をいれてください。

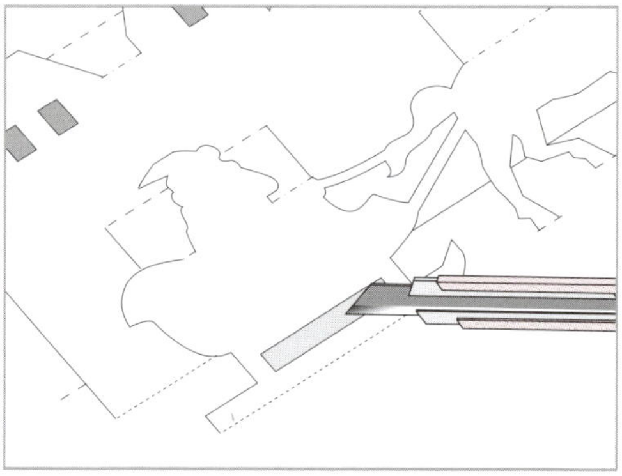

3 グレーに塗りつぶされている部分をカッターで切り抜いてから、切り取り線（――）に沿ってハサミまたはカッターで切りとってください。

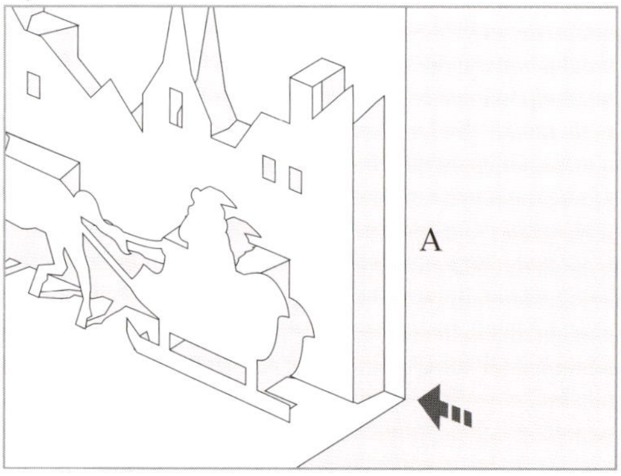

4 Aを山折り線、谷折り線に沿って折ります。型紙の両端から折っていきます。

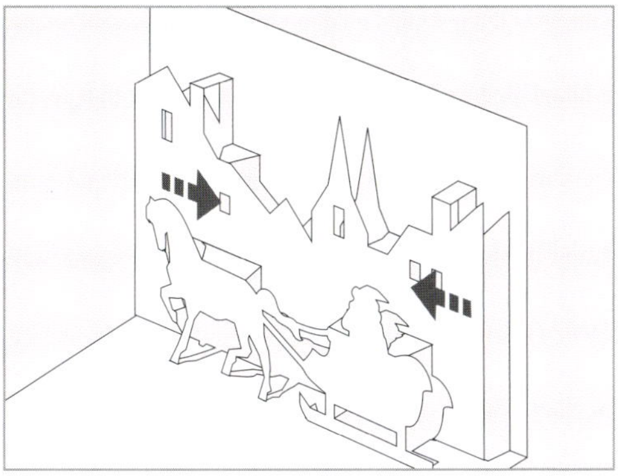

5 型紙の両端から中央に向かって順番に折っていくと、きれいに折れます。細かい部分はピンセットを使って折ってください。

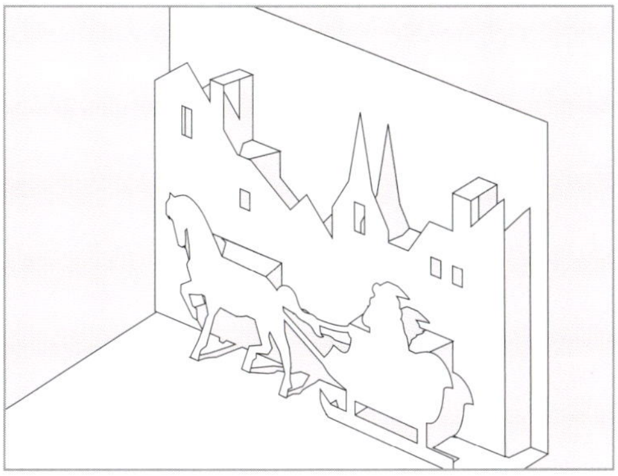

6 折り終わったら、再度全体の山折り線、谷折り線にしっかりと折り目をつけます。

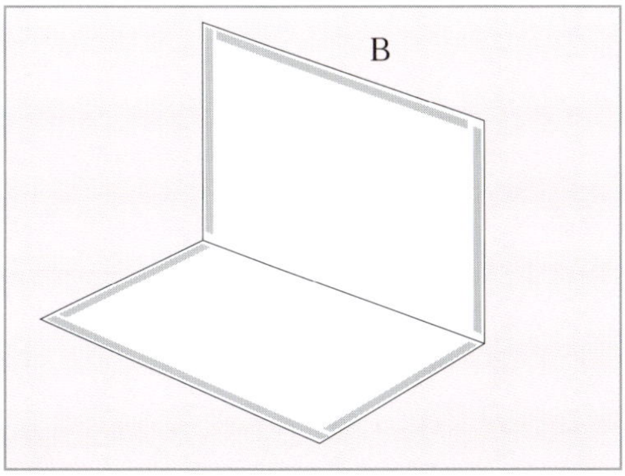

7 図のように台紙Bの淵(図のグレーの部分)に接着剤を付けます。

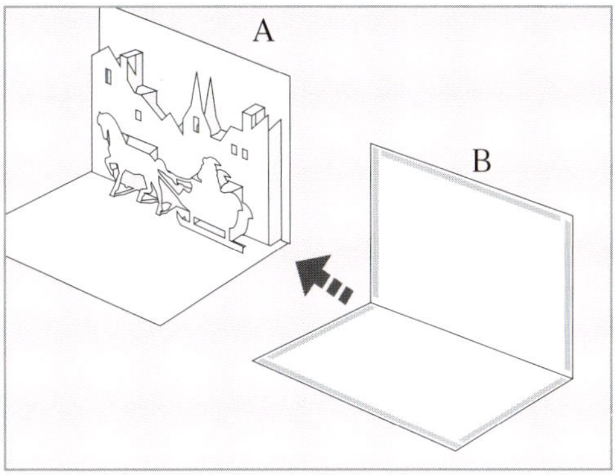

8 Aの裏側から接着します。

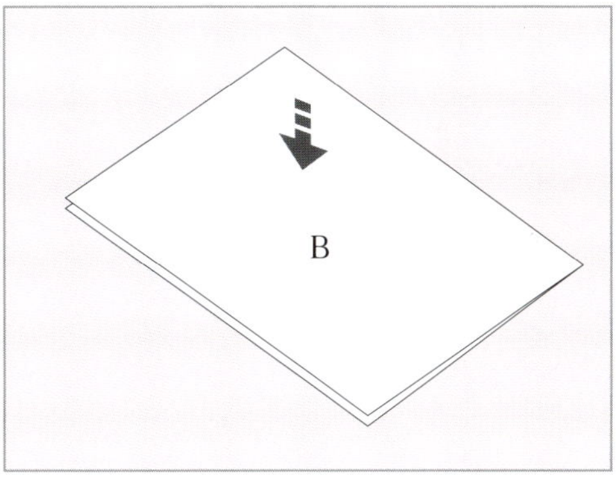

9 台紙Bを折りたたんで上からしっかりと押さえます。

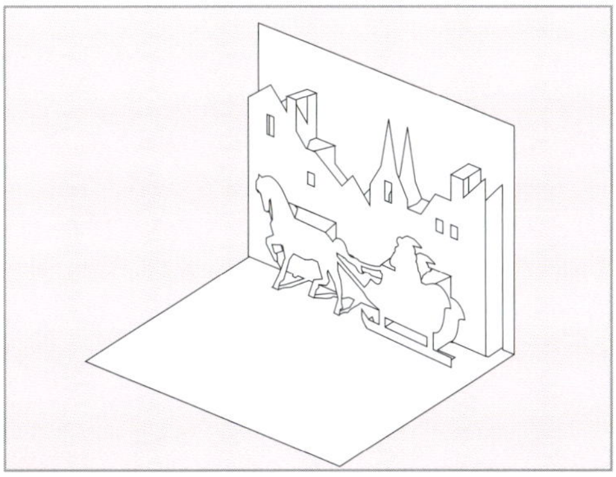

10 完成です。

（切り取り———）

A

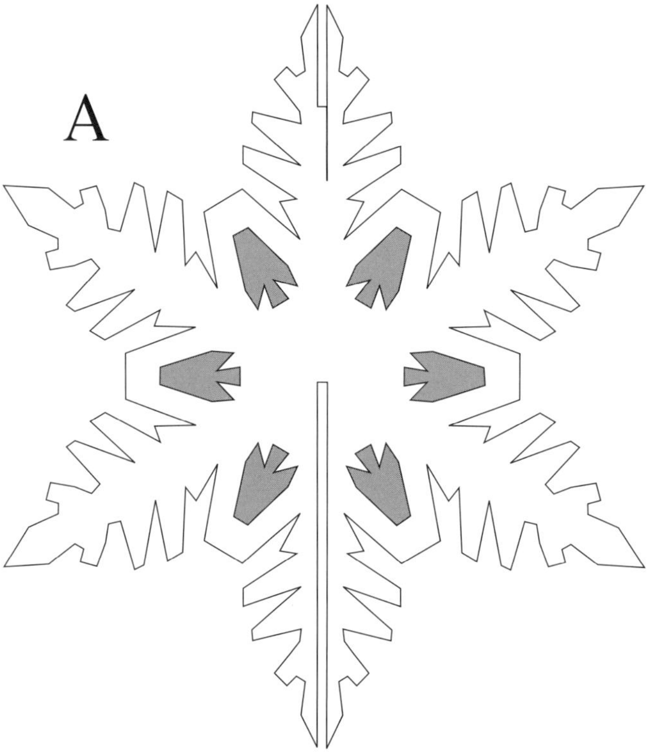

B

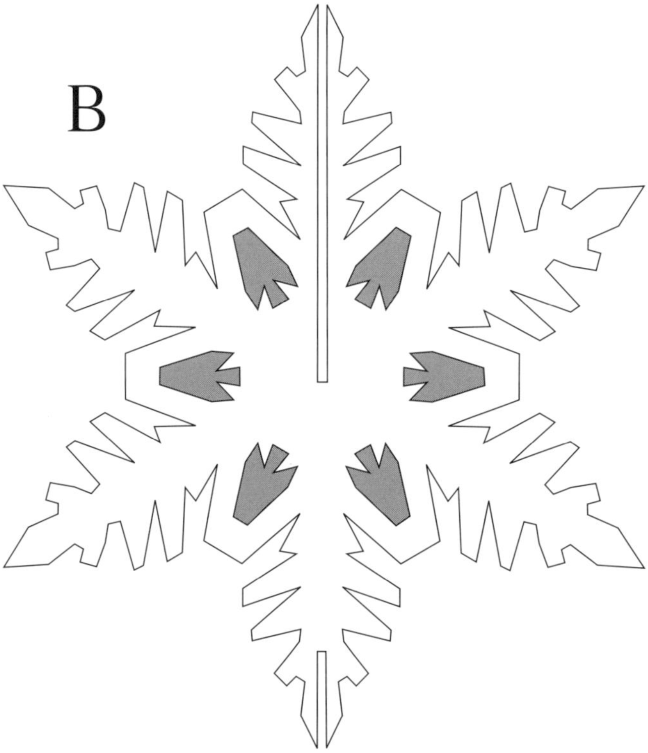

⑫ページ 花束の型紙と台紙

（山折り- - - - -　谷折り-・-・-・　切り取り———）

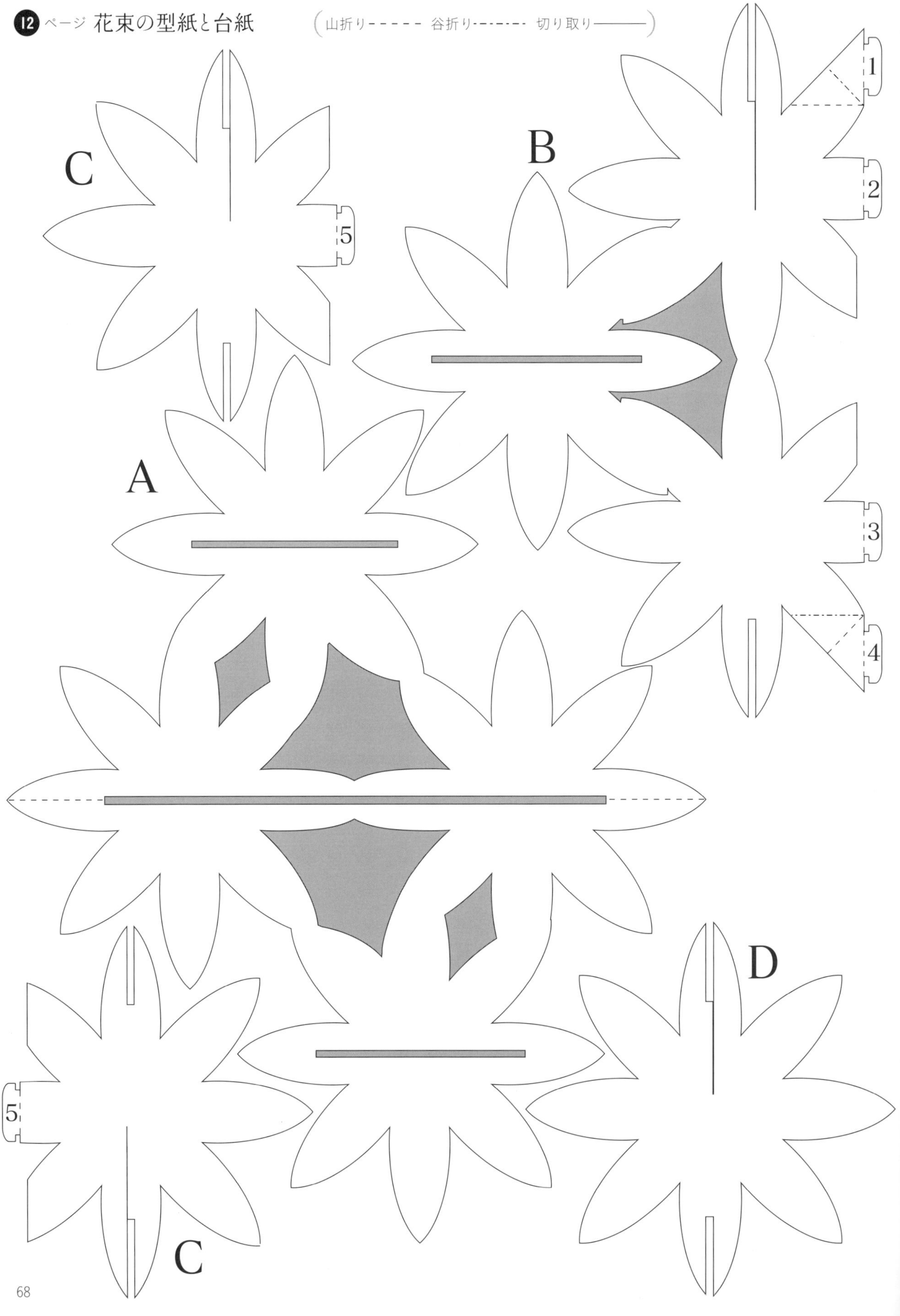

E

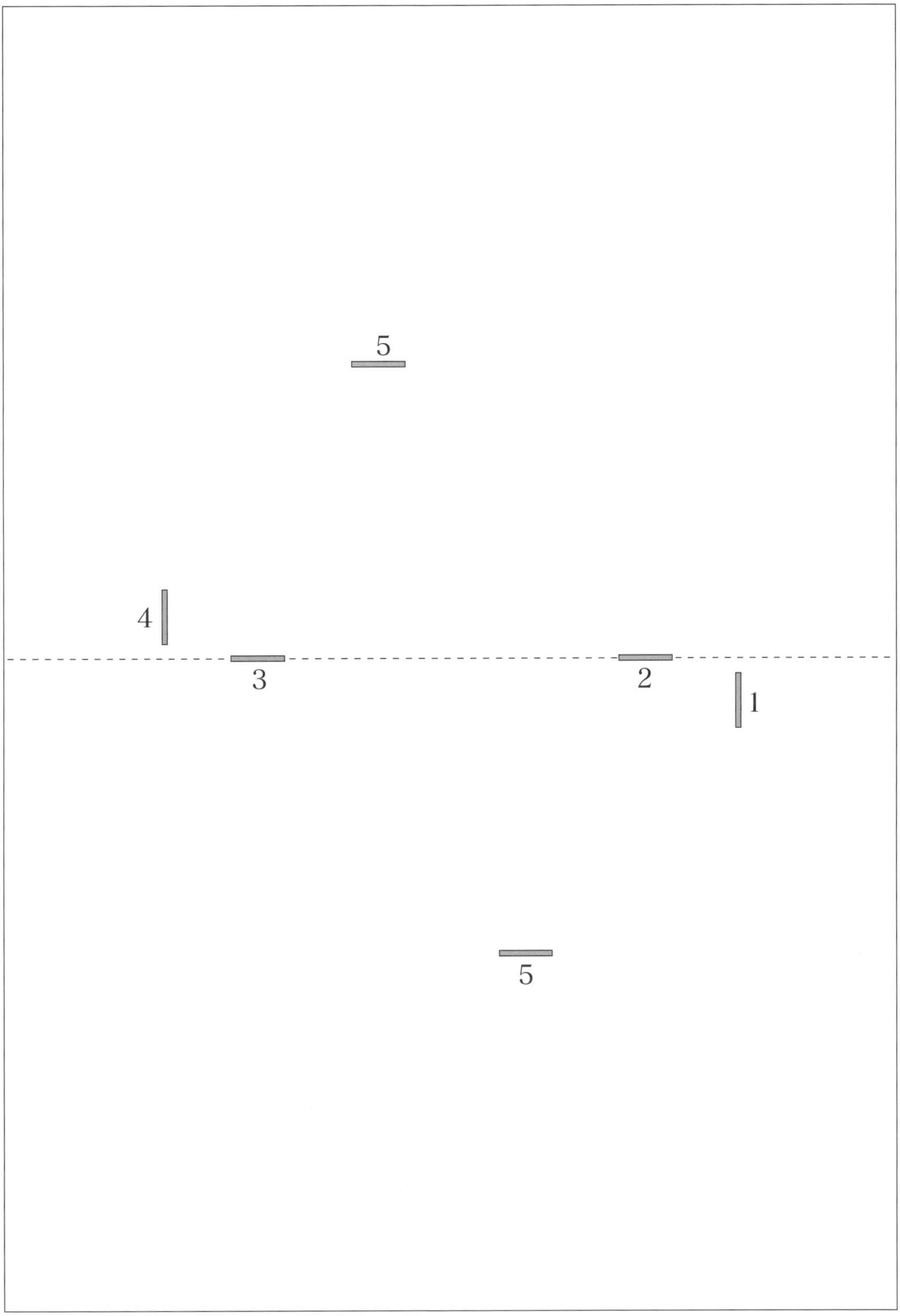

（山折り- - - - -　谷折り-･-･-･-　切り取り———）

A

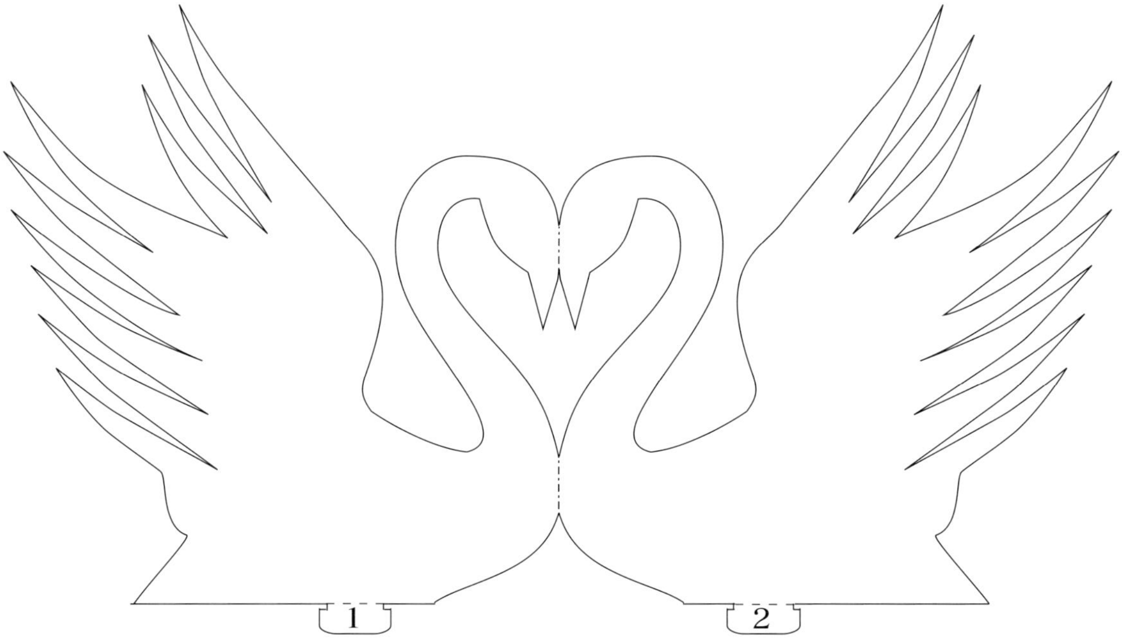

（山折り- - - - -　切り取り———）　B

⑫ページ 天使の型紙と台紙

（山折り- - - - -　谷折り-・-・-・-　切り取り———）

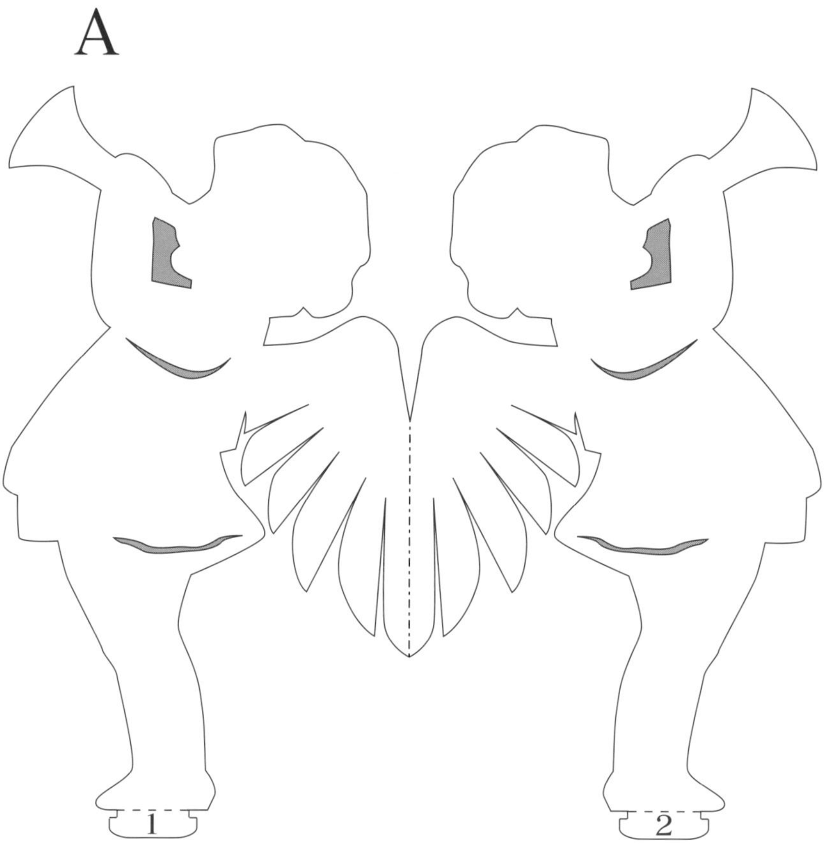

2
1

18ページ ティアラの型紙と台紙

（山折り- - - - -　谷折り-・-・-・　切り取り———）

A

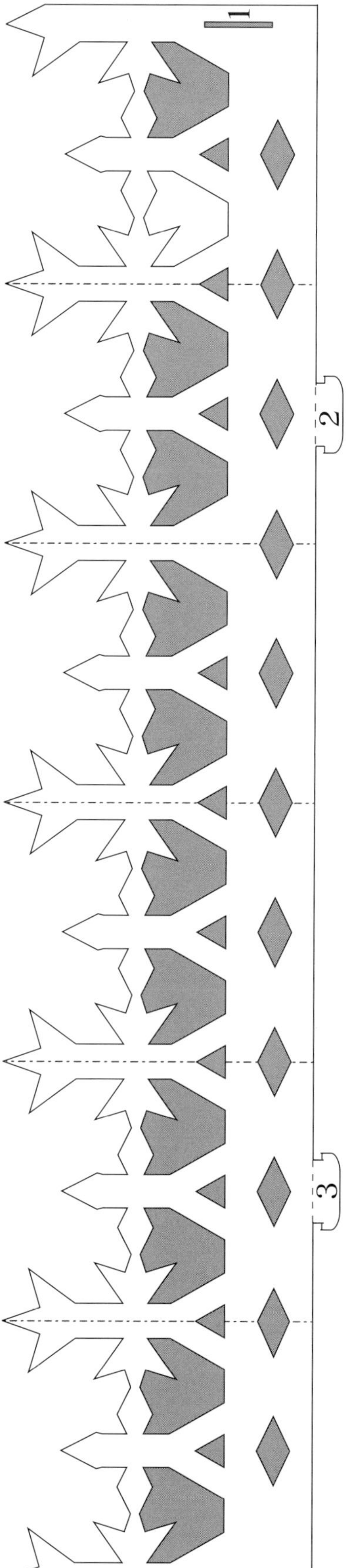

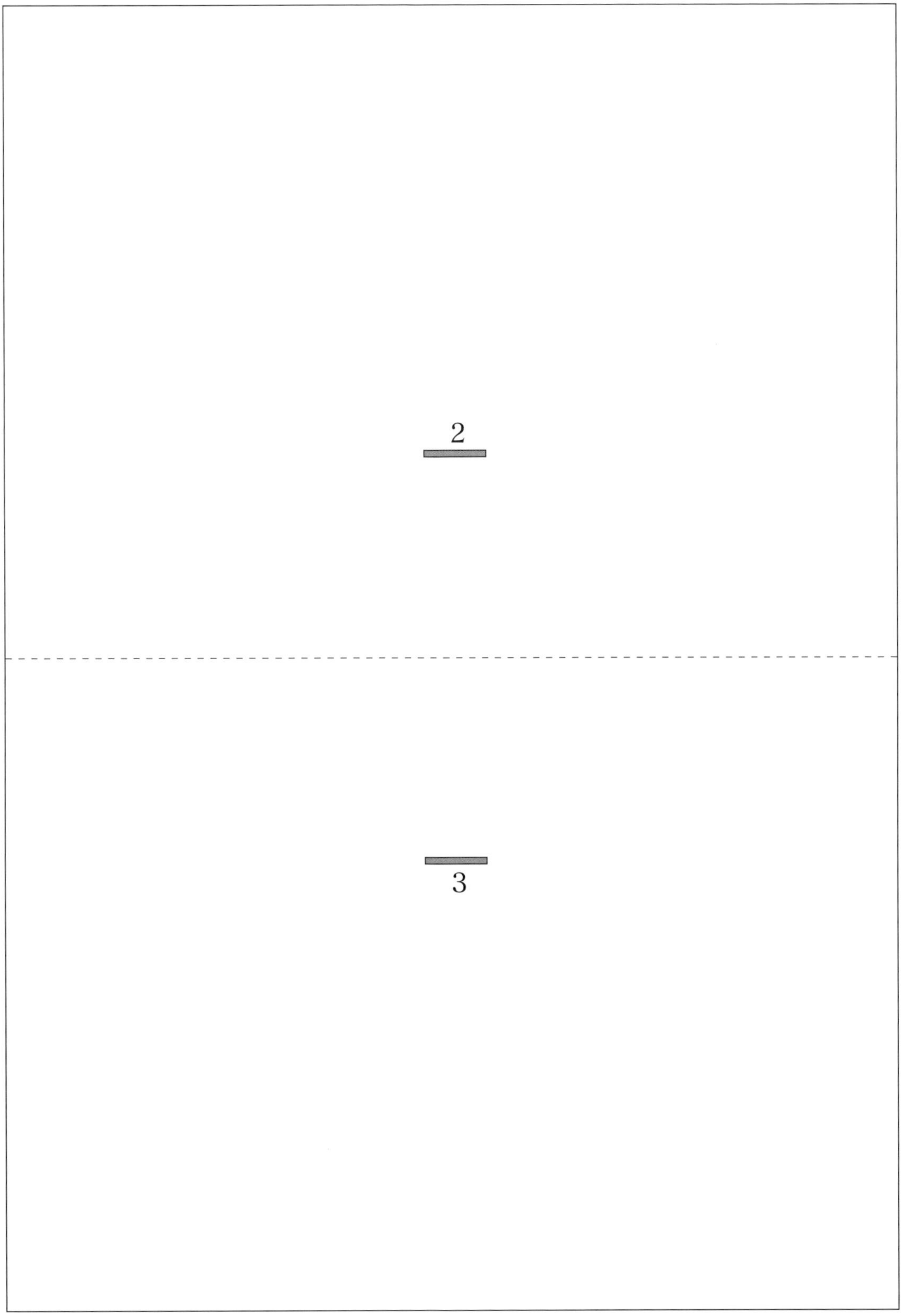
2
3

19 ページ バラのケーキの型紙と台紙

（山折り----- 谷折り------ 切り取り———）

A

B

C

D

E

（山折り-----　切り取り———）

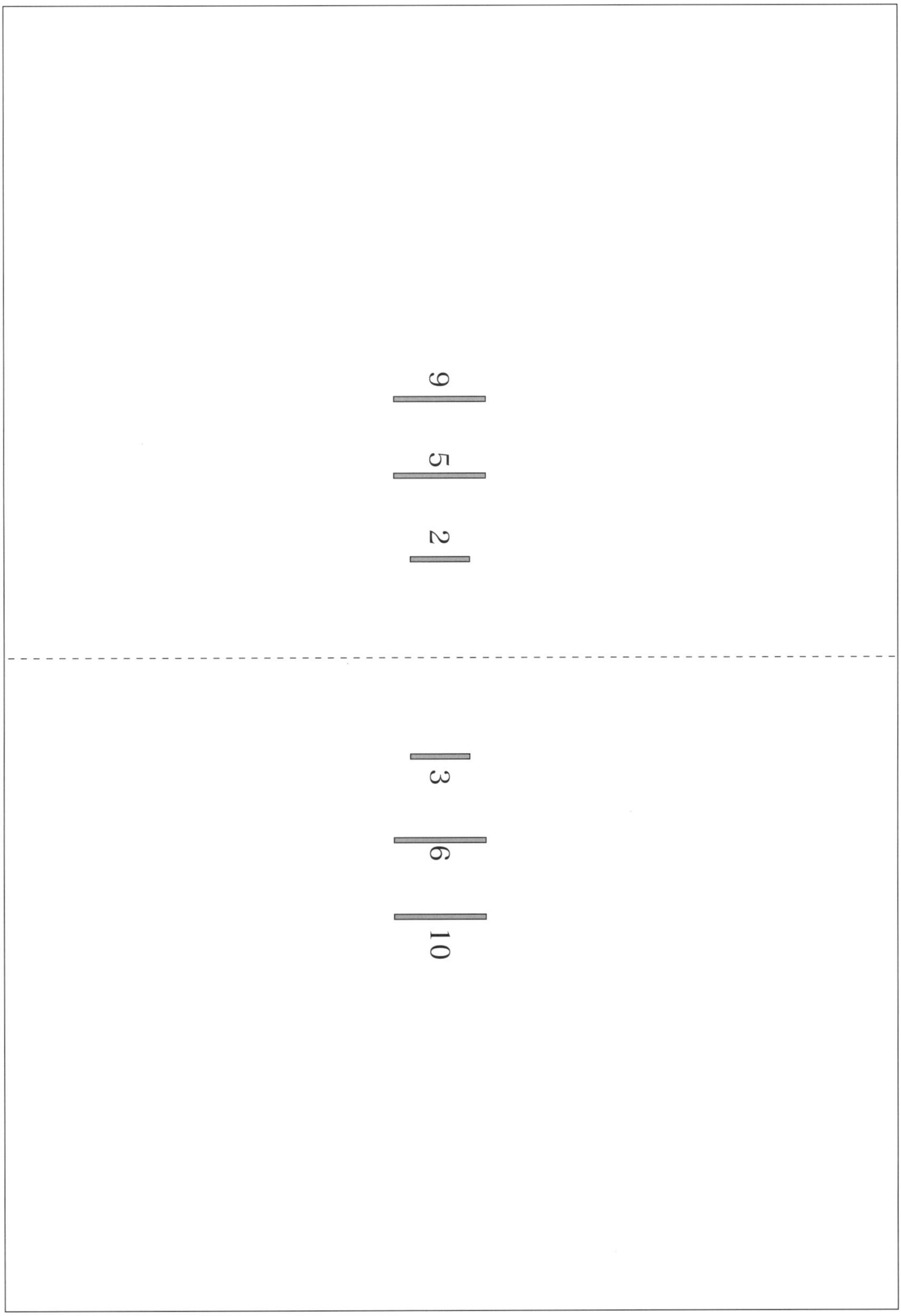

教会の型紙と台紙

（山折り－－－－－　谷折り－・－・－・－　切り取り———）

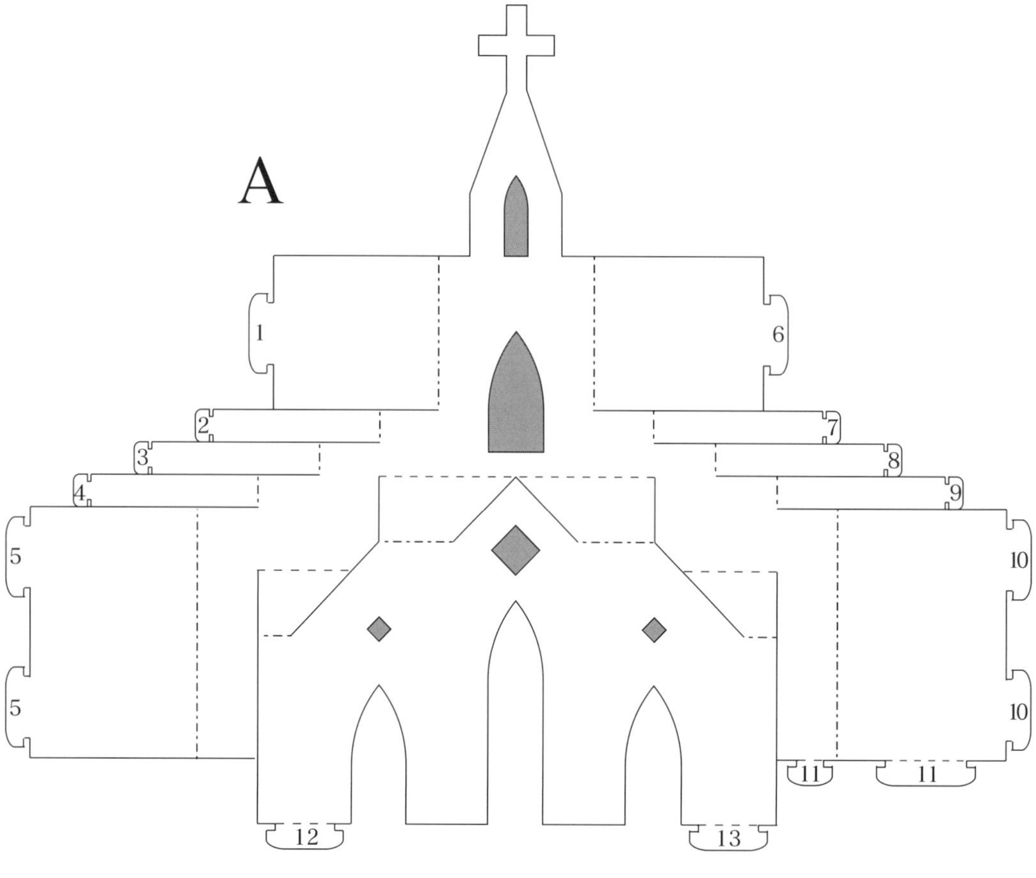

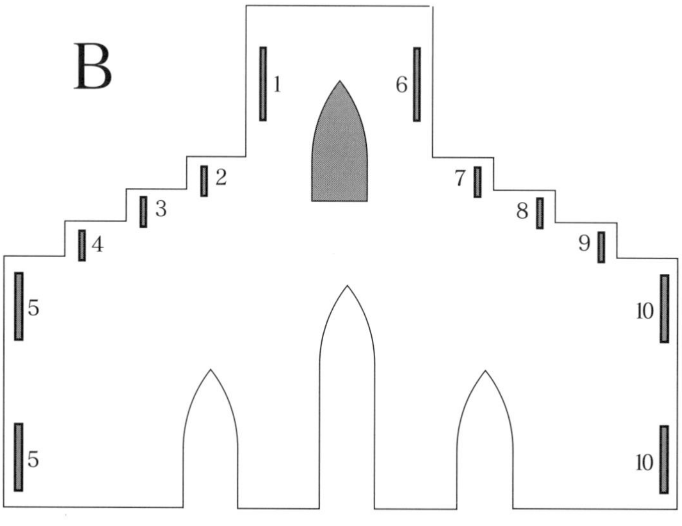

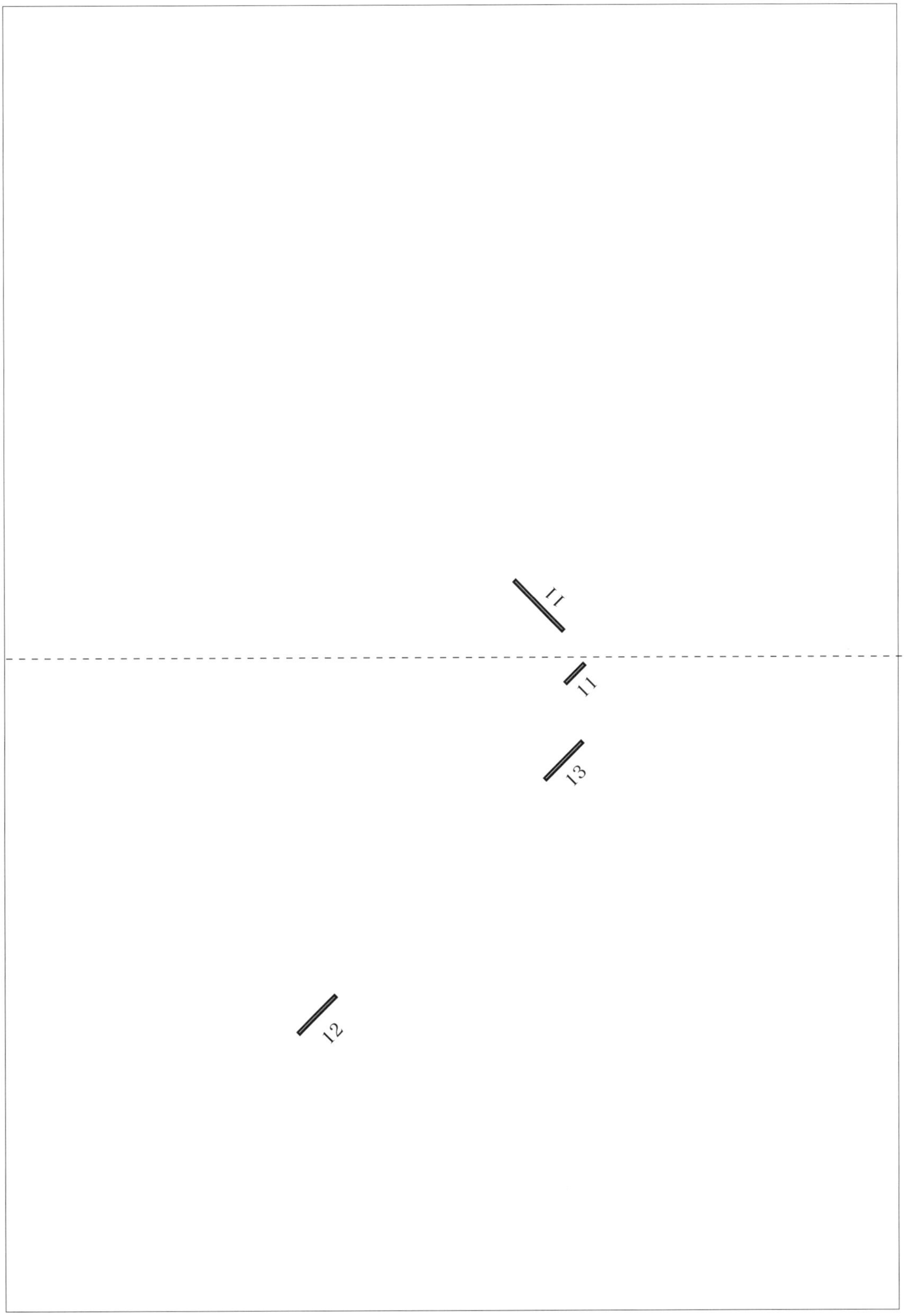
11
11
13
12

24 ページ クリスマスツリーの型紙と台紙 （切り取り――――）

A

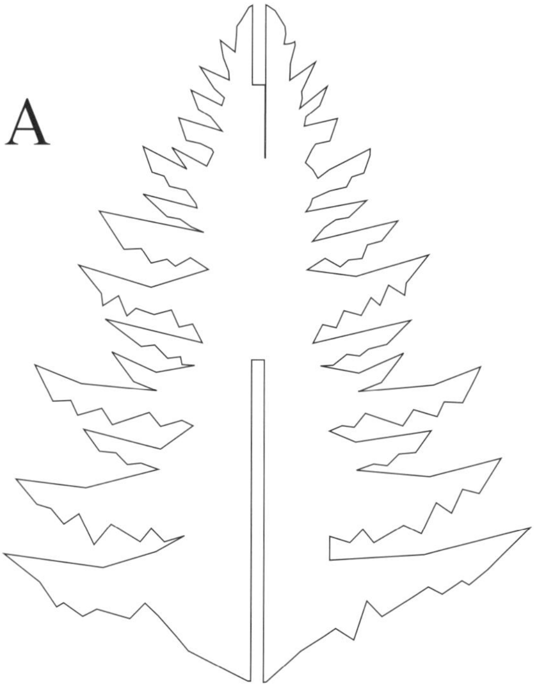

B

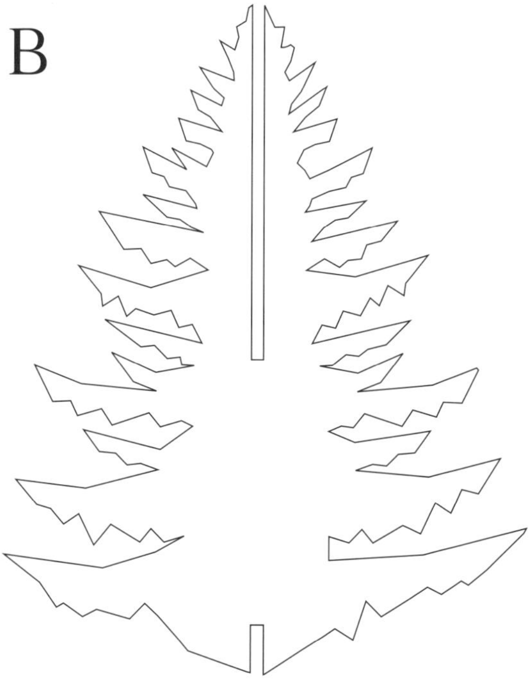

 ヒイラギの型紙と台紙

（山折り- - - - -　谷折り-·-·-·-　切り取り————）

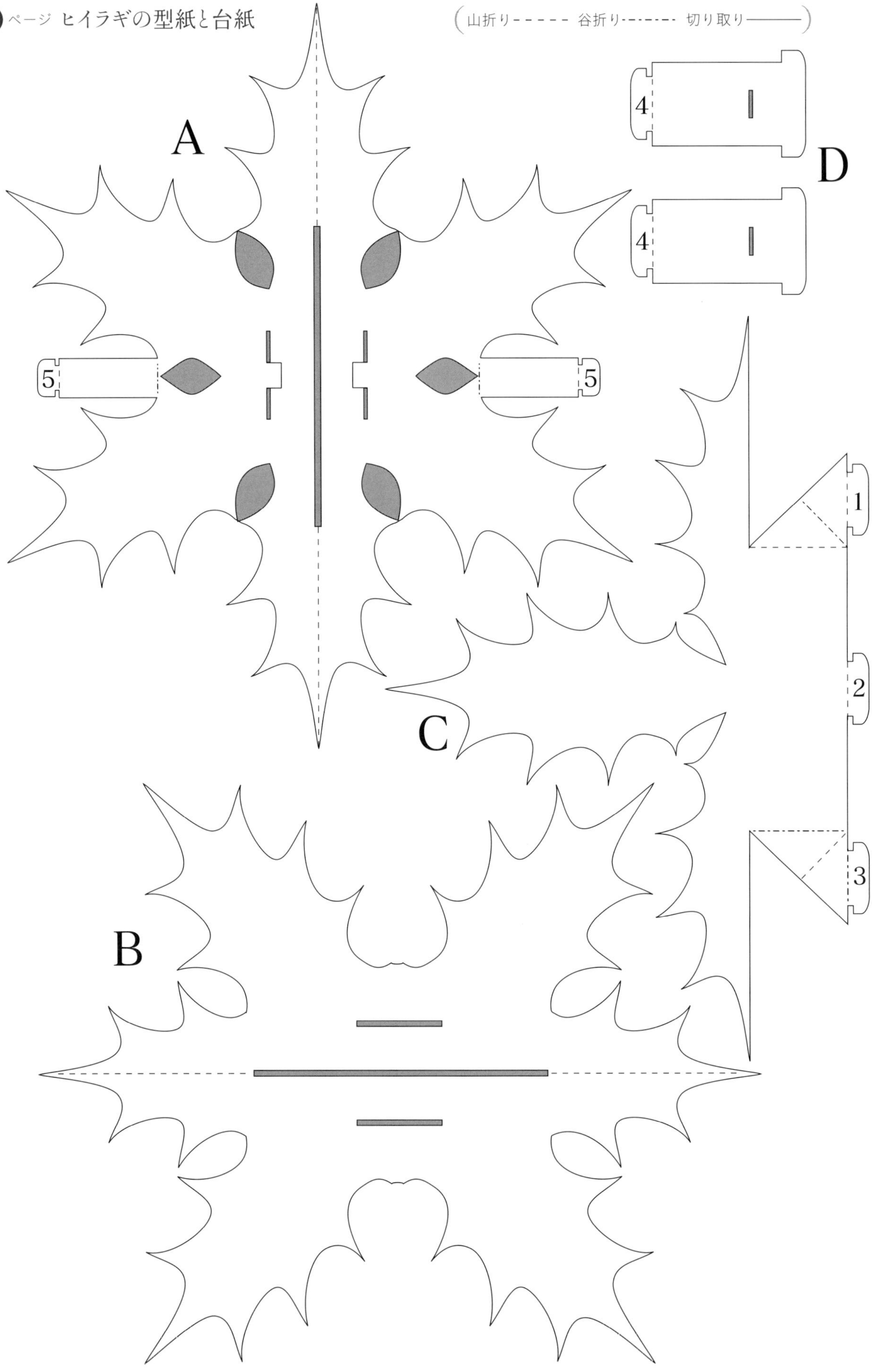

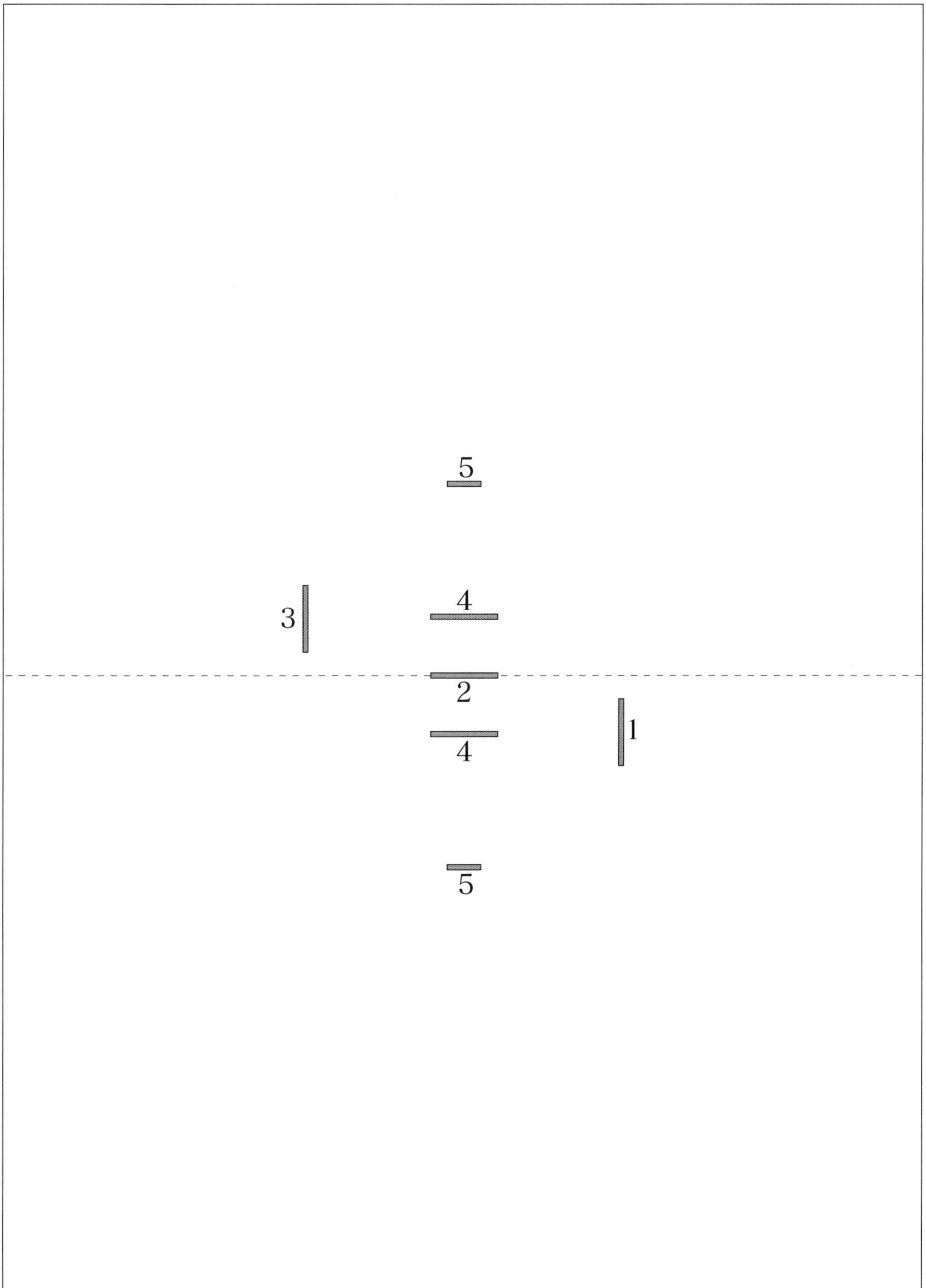
5
4
3
2
1
4
5

24 ページ トナカイの型紙と台紙

（山折り- - - - -　谷折り-·-·-·-　切り取り———）

（谷折り-・-・-・-　切り取り———）

B

作り方は62ページ・トナカイの型紙＋台紙

24 ページ クリスマスの型紙と台紙

（山折り ----- 谷折り ------ 切り取り ———）

A

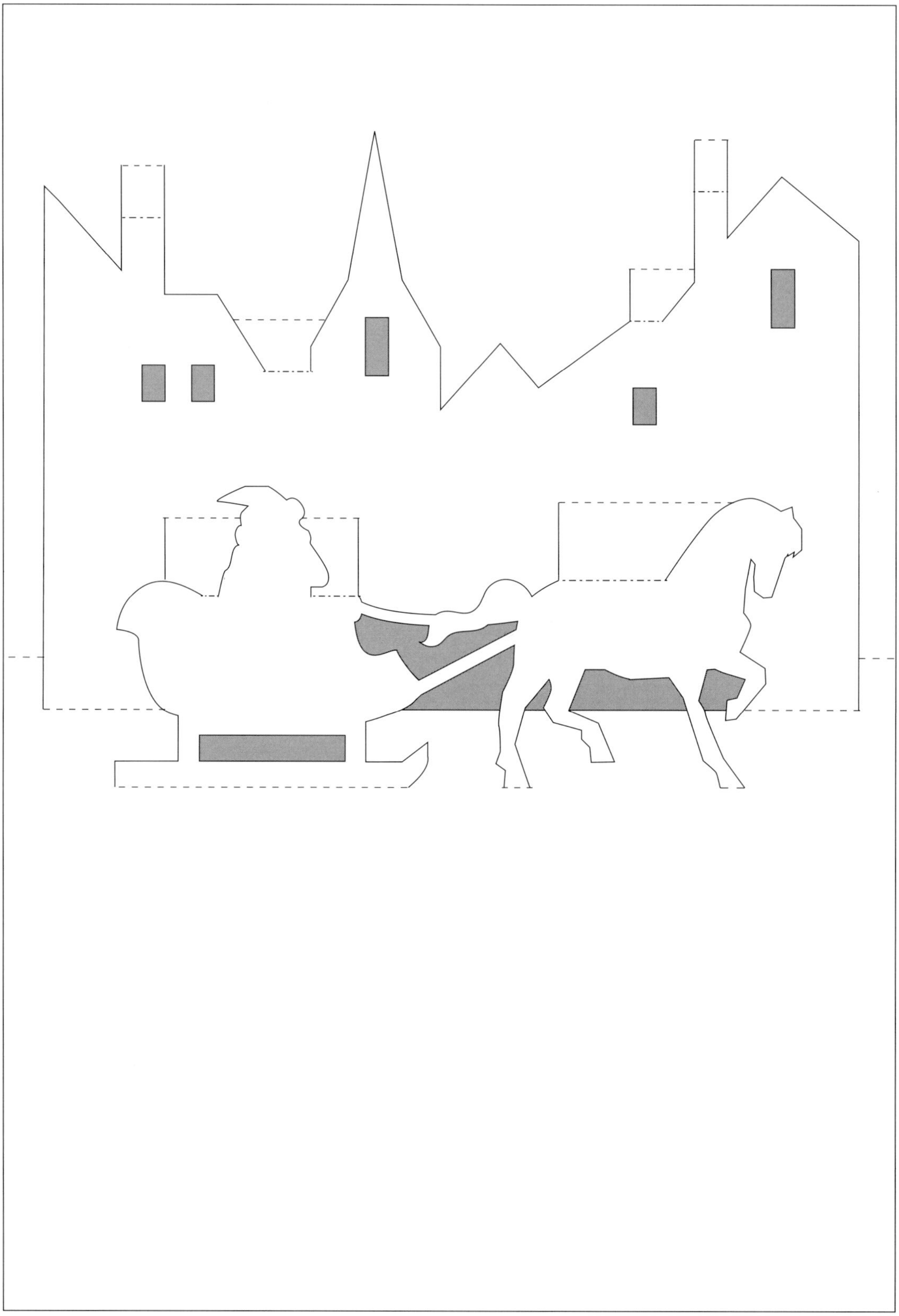

三好祐一

プロフィール

1973年、愛媛県生まれ。
独学でペーパークラフトのデザインをはじめる。ポップアップカードを中心に、プロダクトデザイン、Web・雑誌等への作品提供等、幅広く活動中。
http://www5d.biglobe.ne.jp/~m-uet/

幸せ贈る ポップアップ・カード

2008年11月20日　第1版第1刷
2013年　4月25日　第1版第4刷

著者　三好祐一
発行者　清田　順稔
発行所　株式会社 廣済堂出版
〒104-0061 東京都中央区銀座3-7-6
電話　03-6703-0964(編集)
03-6703-0962(販売)
FAX　03-6703-0963(販売)
振替　00180-0-164137
URL　http://www.kosaido-pub.co.jp
印刷・製本　株式会社 廣済堂

ISBN978-4-331-51345-3 C2071

ブックデザイン　向井恵子
撮影協力　門田　章
用具撮影　谷津栄紀
企画・編集　野田恵子（廣済堂出版）

⓮ページ バラの型紙

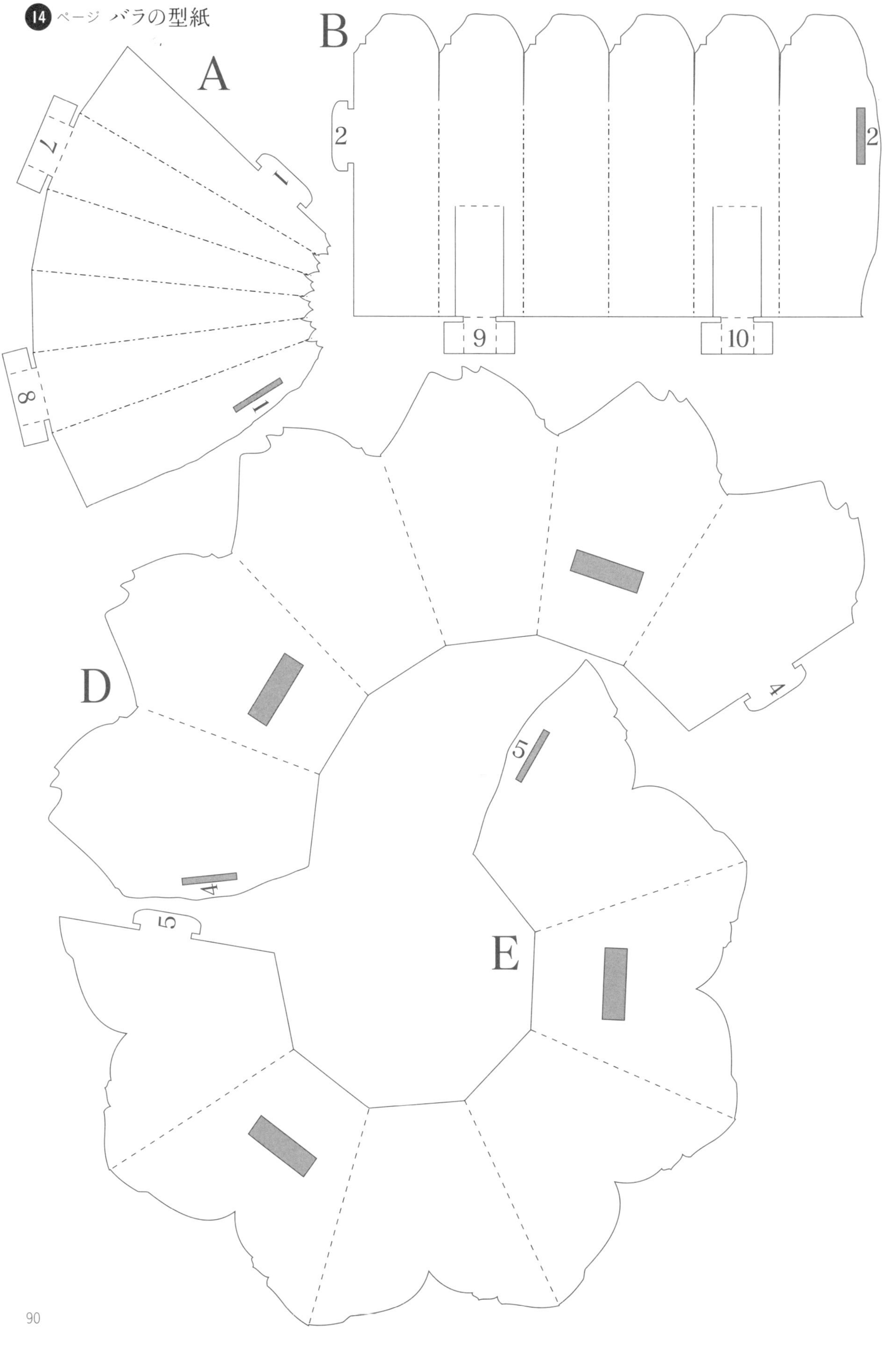

キリトリ

キリトリ

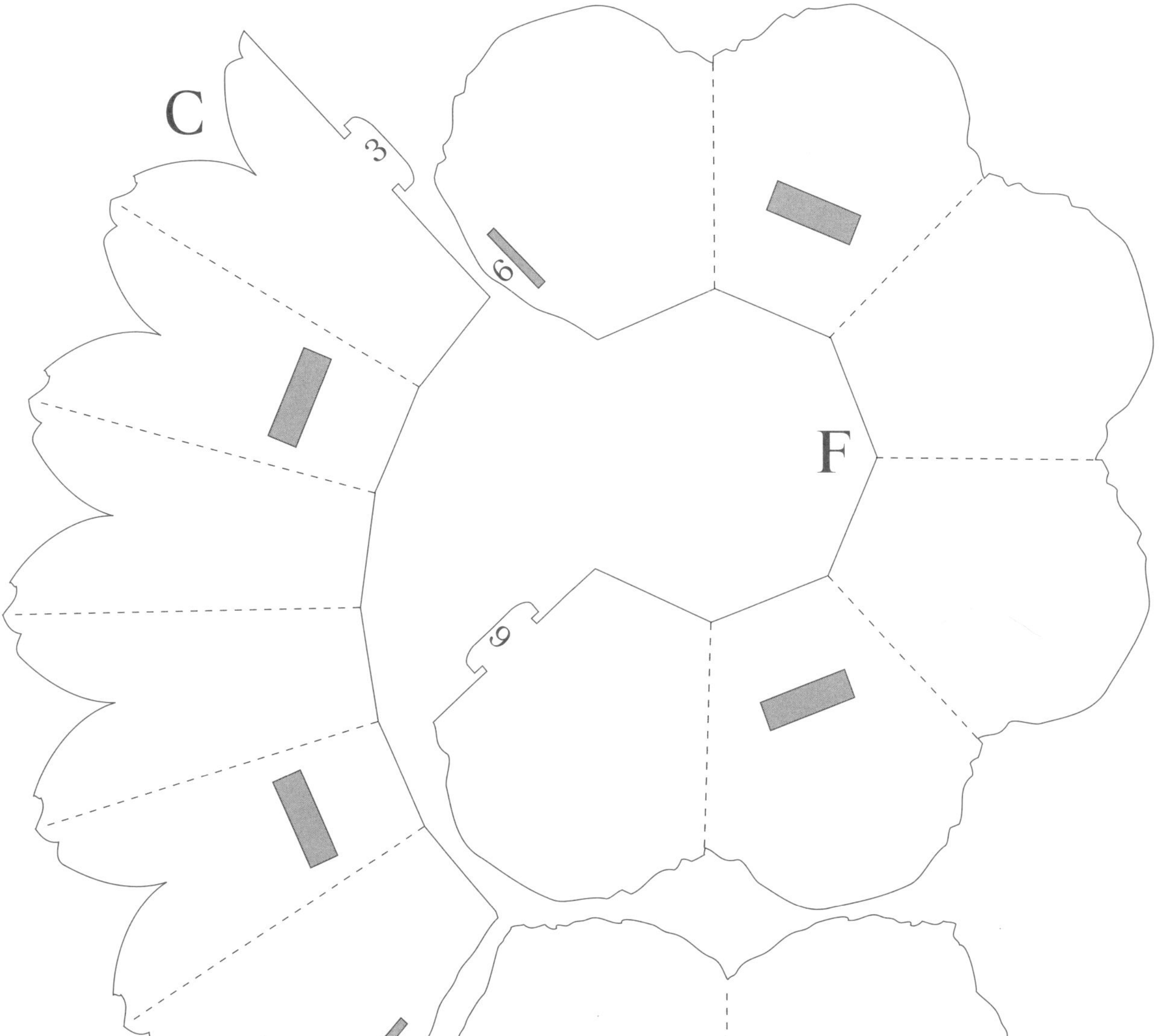

（山折り－－－－－ 谷折り－・－・－ 切り取り――――）

（山折り----- 切り取り———）

H

キリトリ

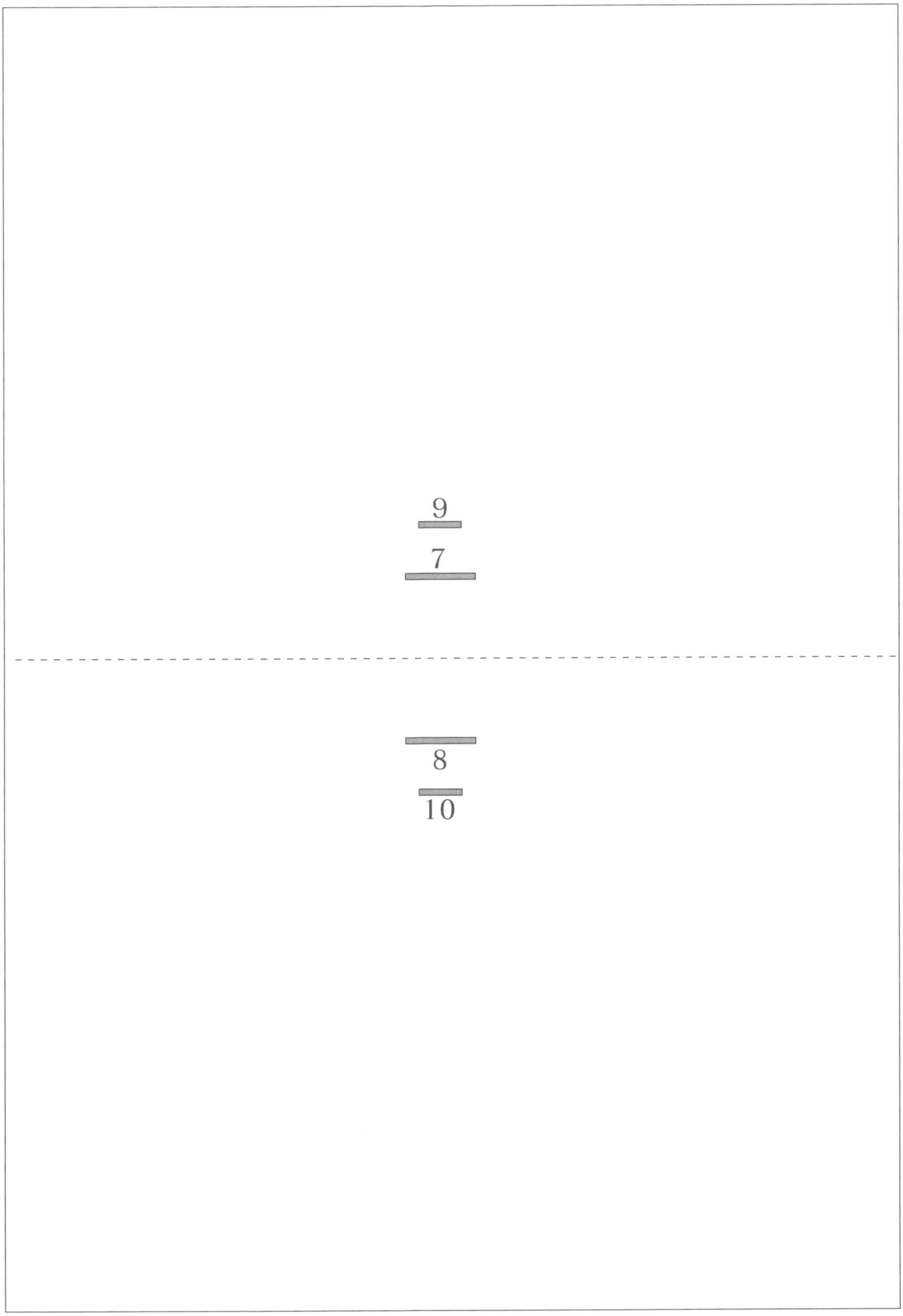

20 ページ シャンデリアの型紙と台紙

（山折り- - - - -　切り取り———）

A

B

キリトリ

キリトリ

20 ページ 馬車の型紙と台紙

（山折り－－－－－ 谷折り－·－·－·－ 切り取り———）

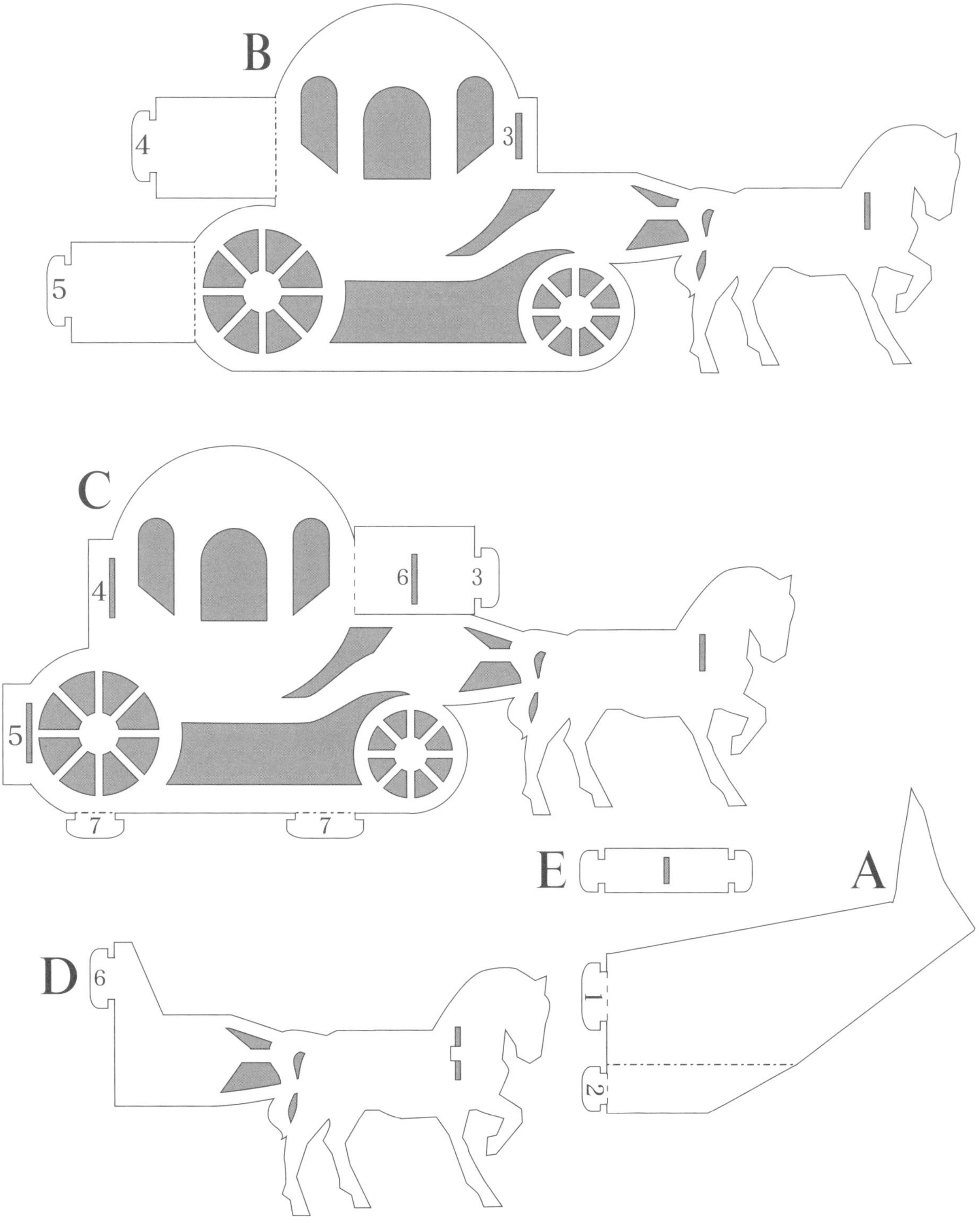

キリトリ

キリトリ

 ベルの型紙と台紙 作り方は 56 ページ

C

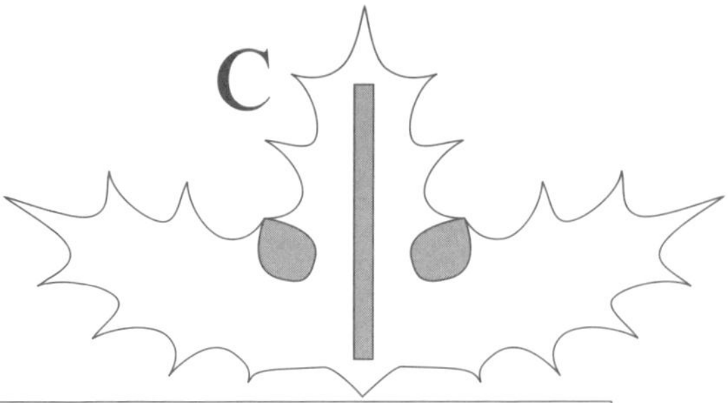

D （山折り----- 谷折り-・-・-・- 切り取り———）

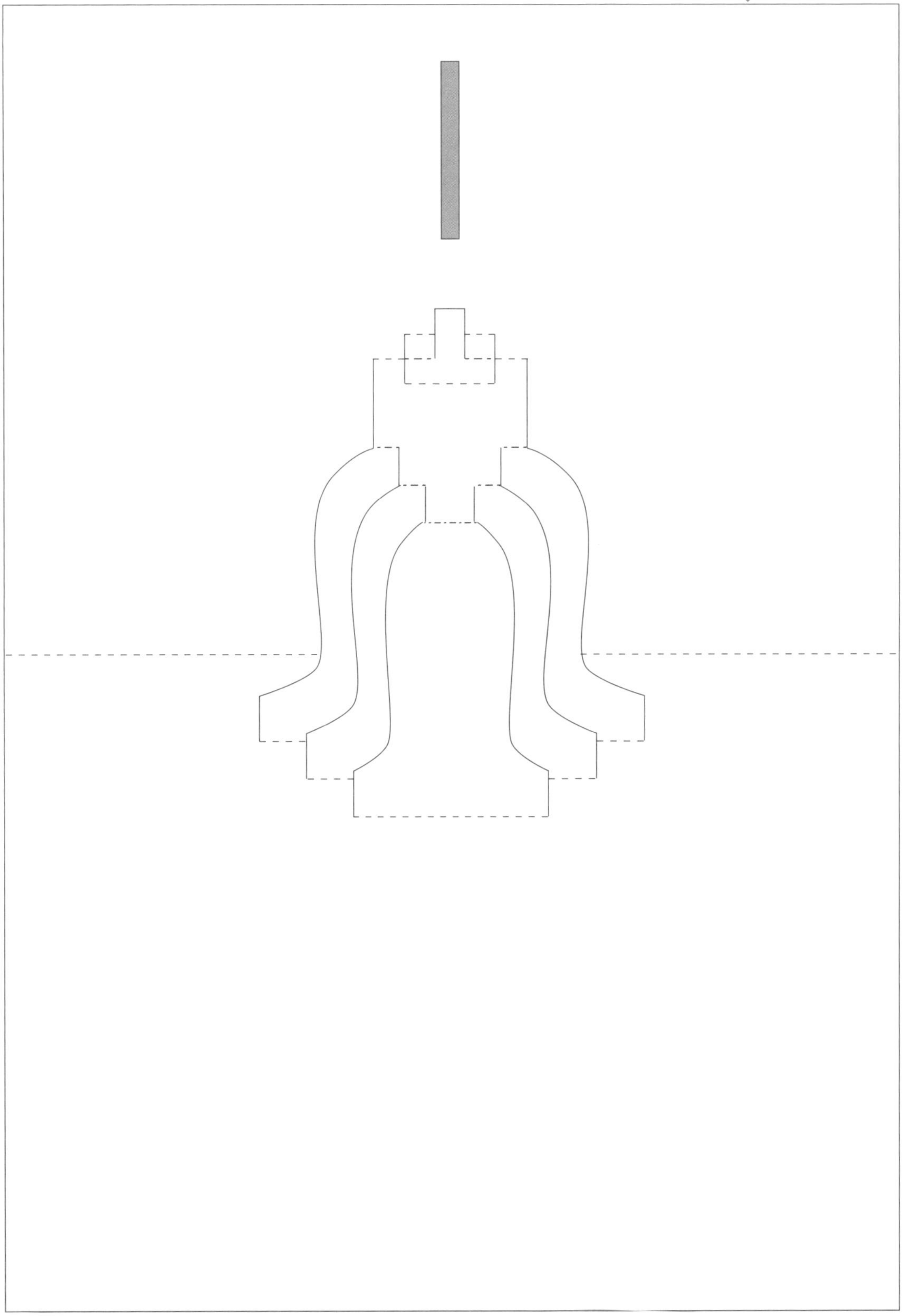

キリトリ

キリトリ

B

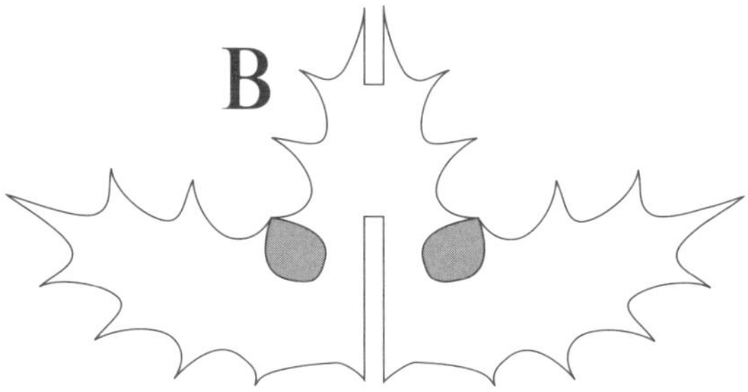

A

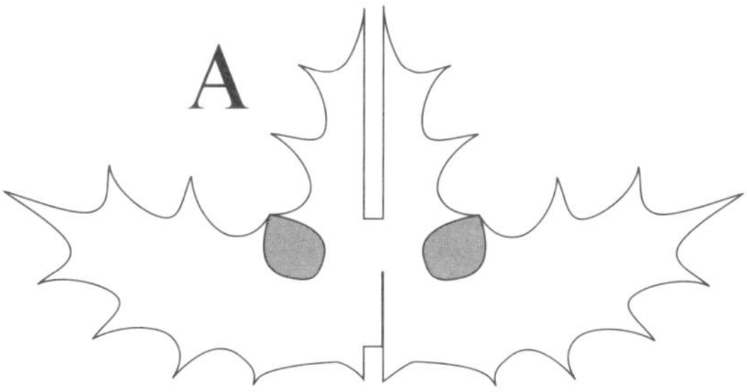

E

20 ページ 星のツリーの型紙と台紙

（山折り----- 切り取り———）

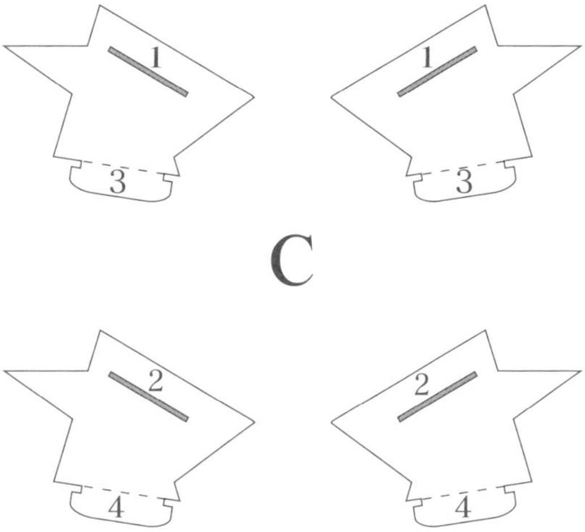

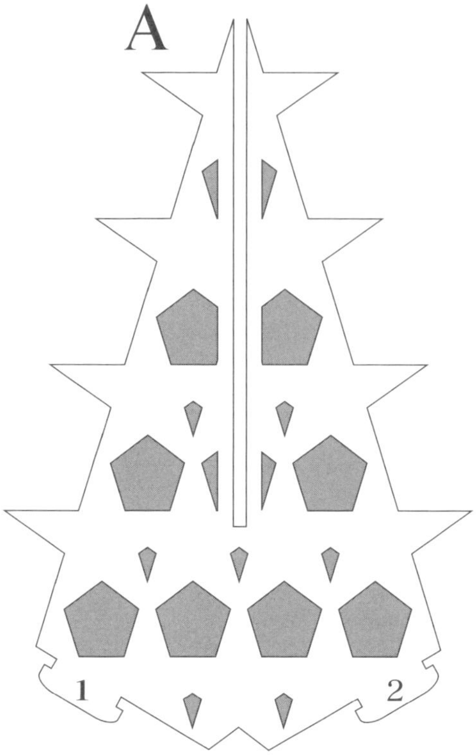

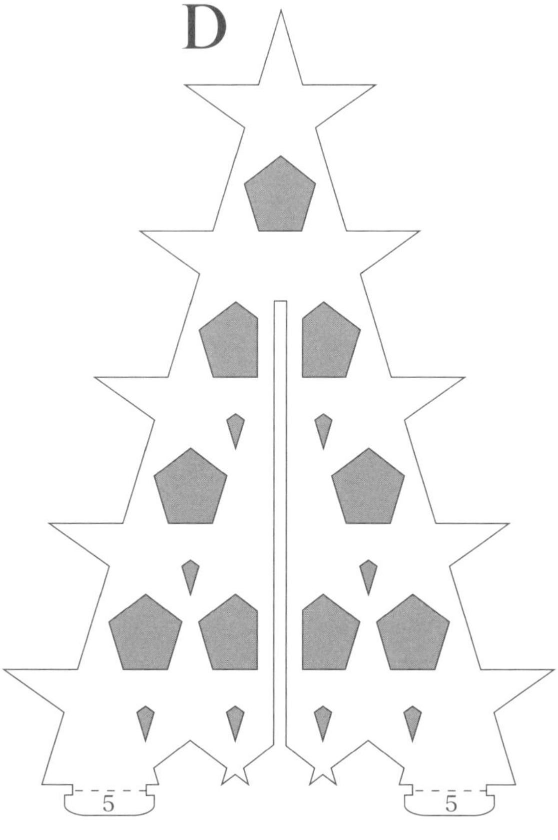

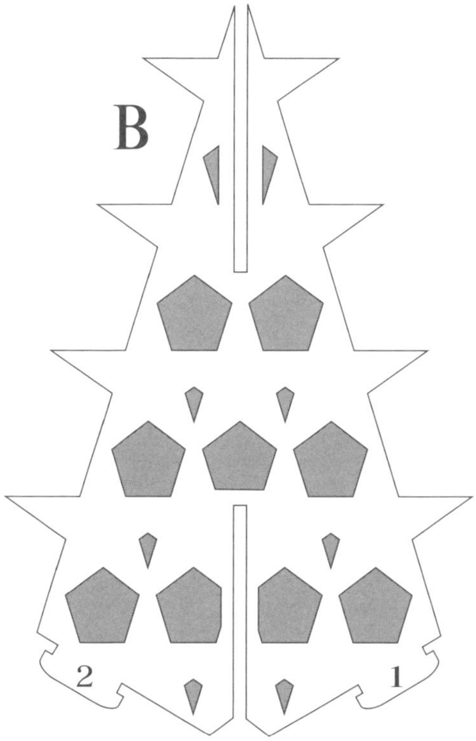

キリトリ

（山折り- - - - -　切り取り———）

E

キリトリ

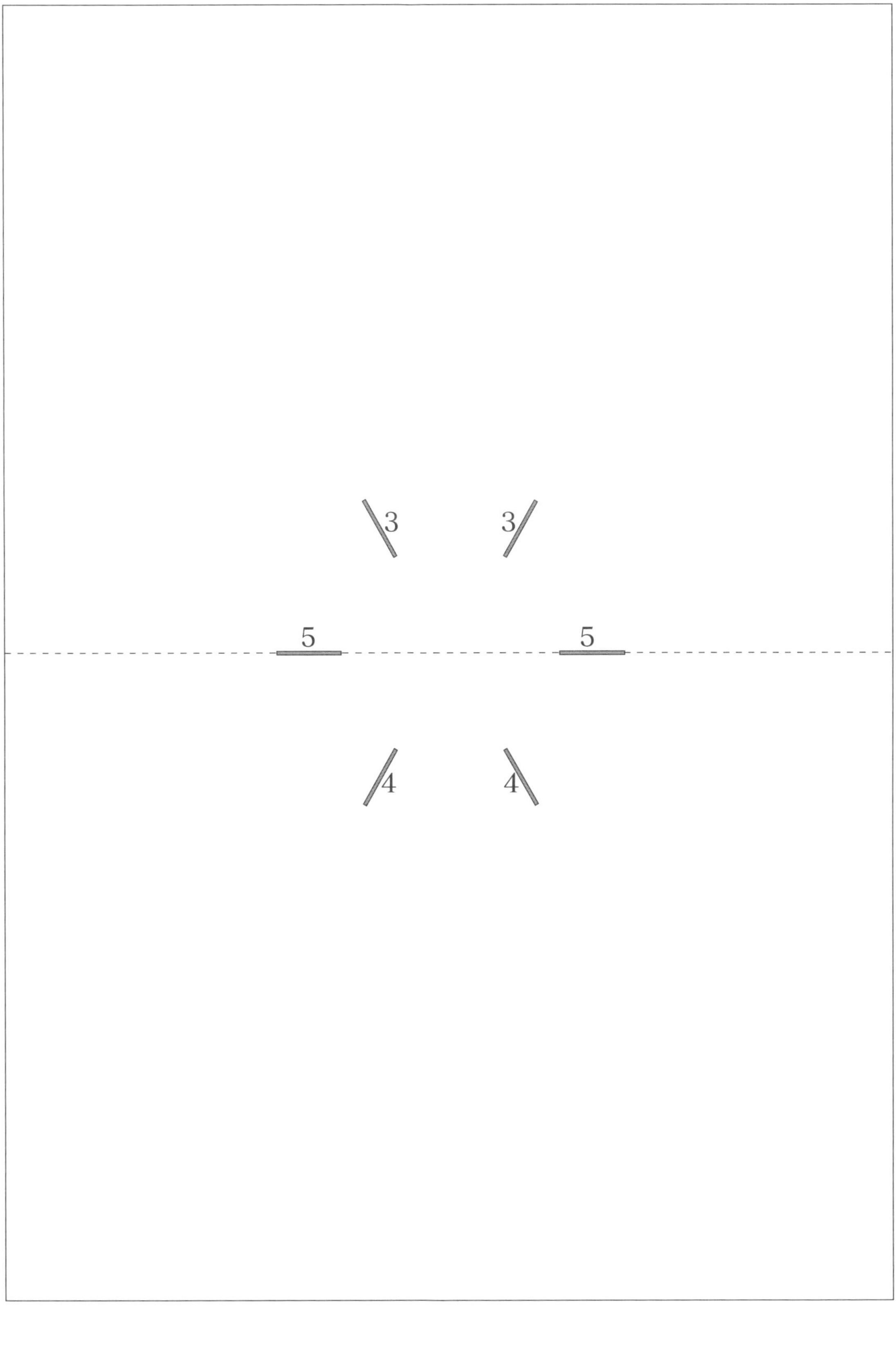